DIE VERSPIELTE WELT

PAUL LENDVAI

Die verspielte Welt

BEGEGNUNGEN
UND ERINNERUNGEN

ecoWIN

FSC
www.fsc.org
MIX
Papier aus ver-
antwortungsvollen
Quellen
FSC® C014496

Gedichtauszug S. 199: Sahl, Hans: »Wir sind die Letzten«.
In: ders. Die Gedichte. Hrsg. von Nils Kern, Klaus Siblewski.
Luchterhand Literaturverlag, München 2009.

1. Auflage
© 2019 Ecowin Verlag bei Benevento Publishing Salzburg – München,
eine Marke der Red Bull Media House GmbH, Wals bei Salzburg

Medieninhaber, Verleger und Herausgeber:
Red Bull Media House GmbH
Oberst-Lepperdinger-Straße 11–15
5071 Wals bei Salzburg, Österreich

Satz: MEDIA DESIGN: RIZNER.AT
Umschlaggestaltung: Hauptmann & Kompanie Werbeagentur
Lektorat: Barbara Köszegi

Printed in Germany
ISBN 978-3-7110-0159-7

Inhalt

Vorwort

»Die Welt ist nichts als eine ewige Schaukel. Alle Dinge
schaukeln ohne Unterlass. Die Beständigkeit selbst ist nichts
anderes als eine schwächer geschwungene Schaukel ...
Ich male nicht das Wesen; ich male seinen Übergang.
Es ist ein Protokoll von verschiedenen und veränderlichen
Zufällen, von unbestimmten und, wie es sich trifft, wohl gar
von widersprechenden Einbildungen.«

Michel de Montaigne
Essais, Zweites Buch, Erstes Kapitel

Spannende Begegnungen mit erfolgreichen, umstrittenen und
gestürzten Politikern, herausragenden Wissenschaftlern, einflussreichen Publizisten und großen Künstlern boten mir Gelegenheit, zurückzublicken und in diesem Buch eine breite
Palette von Themen zu behandeln, die sich – wie könnte es
anders sein – auf meine persönlichen Erlebnisse stützen. Zu
diesen gehören auch Fragen und Ereignisse, die noch heute
zum Teil einer befriedigenden Erklärung harren.

Hinzu kommen auch Reflexionen über die Rolle der Persönlichkeit in der Politik und die Sehnsucht nach den starken
Führungspersönlichkeiten, welche die Grenzen des politisch
Möglichen hinausschieben und eine radikal neue Politik gestalten. Anders ausgedrückt: Die Sehnsucht nach einem »starken Mann« ist besonders ausgeprägt in autoritären und totalitären Regimen, nicht selten mit katastrophalen Folgen.

7

Persönlichkeiten spielen aber auch in der Welt der Wirtschaft, der Wissenschaft und der Medien eine große Rolle. Journalisten und Zeithistoriker kommen zuweilen in die Lage, Augenzeugen von etwas zu werden, was in der Fachsprache dann »historische Wende«, »Epochenende«, »Zäsur« heißt. Im Lauf meines langen Lebens habe ich solche Augenblicke manchmal unmittelbar, wie in Ungarn 1945 und 1956, manchmal aus einer Wiener »Loge«, wie die Wende 1989/90 in Mittel- und Osteuropa, erlebt. Angesichts der anhaltenden Krise der Europäischen Union bin ich mit dem Befund des bulgarischen Politologen Ivan Krăstev einverstanden, dass der Bruch in Europa nicht nur zwischen links und rechts, Nord und Süd, großen und kleinen Staaten stattfindet, sondern auch zwischen Menschen, »die Zerfall aus eigener Anschauung, und jenen, die ihn nur aus Lehrbüchern kennen«, und dass »die Geschichte des Zerfalls politischer Gebilde zeigt, dass die Kunst des Überlebens eine Kunst ständiger Improvisation ist«. (Ivan Krăstev: *Europadämmerung*, 2017)

Als liberaler und unabhängiger Journalist und Zeithistoriker, der seit seiner Ankunft am 4. Februar 1957 als Flüchtling in Österreich keiner Partei und keiner ihrer Vorfeldorganisationen angehört hat, befand ich mich oft – und nicht nur in Österreich – zwischen den Stühlen. Ich kam nach Österreich als ein Mensch, der sich nach den eigenen jugendlichen Irrwegen für die Wahrheit und gegen die Lüge, für die unperfekte Demokratie und gegen den Versuch, den Himmel auf Erden einzurichten, entschied. Die hautnahe Bekanntschaft mit der braunen und der roten Diktatur, beide lebensgefährlich, hat für mich nicht nur die Zeit der Jugend, sondern auch mein Geschichtsverständnis geprägt.

In den folgenden Essays versuche ich, sozusagen von innen und von außen, Geschichten und Eindrücke aus der Nähe über manche prägende Persönlichkeiten, verbunden mit meinen Erlebnissen als Auslandskorrespondent, ORF-Intendant und Chefredakteur der *Europäischen Rundschau,* zu erzählen. Dieses Buch ist deshalb zugleich persönlich und unpersönlich. Es betrifft Persönlichkeiten und Ereignisse in Österreich und Ungarn, Serbien und Kroatien, Albanien und Mazedonien, die so viele so gerne der Vergessenheit anheimgeben wollen. Der deutsche Literat Hans Mayer schrieb einmal: »Es gibt eine wundersame Heilkraft der Natur, doch es gibt keine Heilkräfte der Geschichte. Es heißt zwar, darüber muss Gras wachsen, allein unter dem Gras liegen, nach wie vor, die Toten.« Deshalb habe ich auch das Bedürfnis gehabt, mich mit dem verdrängten, traurigen Kapitel des Verhältnisses zwischen dem großen österreichischen Schriftsteller Peter Handke und der serbischen Politik zu beschäftigen.

Der paradoxe Zusammenhang zwischen Erinnern und Vergessen erfordert zum Beispiel, dass der Erinnerung an die Opfer der Jugoslawienkriege Raum gegeben wird. Sonst wird – leider allzu oft – Vergessen zur Verleugnung. Die wahrheitsgetreue Aufarbeitung der Vergangenheit ist eine Bedingung für das Vergessen und erst recht für die Vergebung.

Die persönlichen Porträts von George Soros, Lord Weidenfeld, Walter Laqueur und Melvin Lasky in diesem Buch zeigen die oft ignorierte oder unterschätzte Bedeutung von Menschen, die durch ihre Initiative und ohne politische Ambitionen grenzüberschreitend Weichen für die Zukunft gestellt haben. Zwei völlig gegensätzliche politische Karrieren werden in den Berichten über Kiro Gligorov, der als Retter Mazedoniens gilt, und über Václav Klaus, den zum rabiaten, rechtsextremen Freund Putins gewandelten tschechischen Ex-Präsidenten, dargestellt. Ohne die Rolle von umstrittenen Politikern kann man weder die kroatische noch die polnische Geschichte verstehen. Eine Mischung aus humoristischen und tragischen Elementen finden wir in der kaum bekannten Geschichte der

9

Albaner. In Österreich und Ungarn beschreibe ich im Spiegel persönlicher Erfahrungen und Kenntnisse den Aufstieg und Sturz von Spitzenpolitikern wie Bruno Kreisky und Alfred Gusenbauer und analysiere die Faktoren, die die beispiellosen Erfolge von Viktor Orbán prägen.

Gerade die Erlebnisse und Wendungen des letzten Jahrzehnts, von der russischen Expansion in der Ukraine bis zum Austritt Großbritanniens aus der Europäischen Union, von der kopflosen Abenteuerpolitik Donald Trumps im Weißen Haus bis zur Erfolgswelle der Rechtspopulisten in Brasilien und Italien, müssen uns vor kühnen Prognosen warnen. Im Lauf meines Lebens habe ich so viele gewagte Thesen gehört, dass ich eine gesunde Portion Skepsis gegenüber »großen Entwürfen« und waghalsigen Spekulationen über unsere Zukunft entwickelt habe. Dieses Buch will ohne Vorurteile und ohne Scheuklappen die Erinnerungen an spannende Erfahrungen und Begegnungen mit fesselnden Persönlichkeiten für die interessierten Leser resümieren. Mag die eine oder andere Geschichte kritischen Lesern, aus welchem Grund immer, missfallen, so hoffe ich doch, dass sich niemand langweilen wird.

Wien, im Frühjahr 2019
Paul Lendvai

Polen: Faszinierende Persönlichkeiten, schicksalhafte Erlebnisse

Seit der Wahl von István Báthory, dem ungarischen Großfürsten von Siebenbürgen, zum König von Polen (1576–1586) ist die ungarisch-polnische Freundschaft ein wichtiges Kapitel in der Geschichte beider Länder. Der polnische General Józef Bem war ein legendärer Held im ungarischen Freiheitskampf 1848/49 gegen die Habsburger. In den Jahren 1939/40 fanden über 100 000 vor der deutsch-russischen Besatzung fliehende Polen Aufnahme in Ungarn. Die Posener Unruhen in Polen und die drohende Gefahr einer russischen Intervention waren die direkten Auslöser jener historischen Demonstration am 23. Oktober 1956 in Budapest, die als Vorspiel zum Ungarnaufstand in die Geschichte einging. Diese Traditionen und die gemeinsame Bedrohung der sich parallel entwickelnden Reformbewegungen, die in Warschau Władysław Gomułka und in Budapest Imre Nagy an die Macht brachten, bewirkten, dass die Solidarität mit Ungarn unter allen Ländern der Erde wahrscheinlich in Polen am stärksten war. Zehn polnische Journalisten hielten sich im Oktober und November 1956 zeitweilig in Ungarn auf und berichteten mit großer Sympathie über das dramatische Geschehen.

Dass es den Polen gelungen war, eine sowjetische Gewaltaktion abzuwehren und die Veränderung friedlich, durch Reformen zu erreichen, während die Ungarn eine blutige Tragödie erleben mussten, verlieh der alten Zuneigung eine neue und besondere Intensität. Zusammen mit vielen Freunden und Kollegen hoffte ich, dass der einheitliche Widerstand der Intelligenz und der Arbeiterklasse Ungarns, der Druck der Weltöffentlichkeit und der westlichen Mächte, aber auch die Sympathie Jugoslawiens und Polens noch den Weg zu einem erträglichen Kompromiss öffnen und eine Vergeltungskampagne des vom Kreml installierten Kádár-Regimes verhindern könnten.

Eine folgenschwere Reise

Nach fünf verlorenen Jahren (Militärdienst, Internierung und amnestierter, aber politisch unzuverlässiger Ex-Häftling mit Berufsverbot für drei Jahre) war ich erst im Sommer 1956 politisch rehabilitiert worden. Als Ressortchef für Außenpolitik einer neuen, offiziell »unabhängigen« Tageszeitung, *Esti Hírlap*, erhielt ich im Januar 1957 eine durch polnische Kollegen organisierte Einladung des damals von Reformern geführten Parteiblatts *Trybuna Ludu* nach Warschau, um von dort über die Parlamentswahlen zu berichten, die auch als Test für den Erfolg des Reformflügels angesehen wurden (für Details siehe mein Buch *Auf schwarzen Listen*). Wie sich jedoch zeigen sollte, versiegten die polnischen Reformen bald in der Wüste eines blockweiten Neostalinismus.

Diese erste Auslandsreise überhaupt, als Journalist im Alter von 27 Jahren, am 12. Januar 1957 mit den folgenden 18 Tagen in Warschau wurden zum Wendepunkt in meinem Leben. Von der ersten bis zur letzten Minute spürte ich während meines Aufenthalts die Solidarität der polnischen Journalisten und Intellektuellen mit dem geknebelten Ungarn. Die Hinrichtungen von Aufständischen, die Verhaftungen von Schriftstellern und Journalisten und andere Hiobsbotschaften zeigten, dass sich das Kádár-Regime für einen unbarmherzigen Kurs der Rache entschieden hatte. Das war, zusammen mit der Wirkung von Begegnungen mit vielen westlichen Berichterstattern, nicht zuletzt mit Hugo Portisch, Adam Wandruszka und Erich Lessing aus Wien, die später zu meinen engen Freunden wurden, der Hauptgrund für meinen dann folgenden Absprung nach Österreich. Bereits vor meiner Reise nach Prag, der nächsten Station der von meiner Zeitung arrangierten Tour, war ich fest entschlossen, in Wien ein neues Leben in Freiheit anzufangen.

Diese dramatischen Tage in Warschau waren aber keineswegs das Ende meiner spannenden Erfahrungen in Polen. Am 29. September 1959 wurde ich stolzer Besitzer eines österreichischen Reisepasses und arbeitete ab Mitte 1960 als Wiener Korrespondent für die Londoner *Financial Times*. Im Juni 1961 fragte mich die Auslandsredaktion, ob ich für die Zeitung über die Posener Messe in Polen berichten könnte. Vorher hatte das Blatt schon erste größere Artikel von mir über die Wirtschaftslage in Ungarn und Jugoslawien gebracht.

Ich blieb einige Tage in Posen und berichtete über die nicht allzu aufregende Messe und die erwarteten Geschäftsabschlüsse der Aussteller aus dem Vereinigten Königreich. In den folgenden Jahrzehnten habe ich noch oft über die ebenso rituellen wie langweiligen, für die britische Exportwirtschaft aber wichtigen Vertragsverhandlungen bei Messen und Ausstellungen von Brünn bis Plowdiw und Bukarest geschrieben. Meine erste Auslandsreise für das britische Weltblatt war für mich aber mehr als eine Chance bei der FT, es war eine nostalgische Reise in das Land, von dem aus ich knapp vier Jahre zuvor meinen Weg in die Freiheit angetreten hatte.

Vor allem der Abstecher von Posen nach Warschau war ungeheuer aufregend. Ich traf einige alte Freunde, die gar nicht glauben wollten, dass der ehemalige Sonderkorrespondent eines kommunistischen Blattes aus Budapest so schnell im Gewand eines britischen Sonderkorrespondenten zurückkehrte. Die Kontraste zwischen Polen 1957 und Polen 1961 waren beklemmend. Ich war froh, dass ich mir damals das Angebot optimistischer Freunde, eine Zeit lang unter einem Vorwand in Polen zu bleiben, nicht einmal überlegt hatte.

Was aber alle Eindrücke überschattete, war ein banales Missverständnis auf dem Warschauer Flughafen. Nach dem Passieren der Pass- und Zollkontrolle wollte ich eben Souvenirs im Duty-free-Shop kaufen, als ich plötzlich meinen Namen aus dem Lautsprecher vernahm. »Mr Lendvai, kommen Sie bitte zur Zollkontrolle«, wurde da auf Englisch durchgesagt. Ein Schrecken durchfuhr mich; also ich war doch ein Idiot, eine Polenreise »aus Hetz« zu wagen. Mit heftigem Herzklopfen ging ich zum Schalter: »Wir haben Ihren Koffer irrtümlich nicht eingecheckt und wollten wissen, ob Sie noch Handgepäck haben.« Ein Stein fiel mir vom Herzen, und ich trank schnell einen polnischen Wodka darauf.

In den 1960er-Jahren besuchte ich Polen und Ungarn mehrmals. Die Kontraste zwischen den beiden Ländern wurden immer offensichtlicher. Deshalb begann ich mein Essay in der Zeitschrift *Der Monat* (Oktober 1966) anlässlich des zehnten Jahrestags des Ungarnaufstandes mit einem für die Stimmung charakteristischen Zitat eines polnischen Journalisten: »Ich verstehe nicht, dass meine ungarischen Kollegen so unzufrieden sind. Schau die reichen Auslagen an, die Preisschilder, frage, wer wie oft im Westen gewesen ist, achte auf den Ton und die Offenheit der Diskussionen in der Presse! Es ist fast alles so unvergleichlich besser als bei uns, ganz zu schweigen von der erstaunlichen Popularität, die Kádár im Vergleich mit Gomułka genießt. Wir gewannen im Oktober 1956, aber auf lange Sicht haben wir doch verloren. Die Ungarn verloren damals und haben letzten Endes doch gewonnen.« Der Autor hatte Ungarn erstmals seit dem Krisenherbst 1956 besucht, und viele Polen teilten damals seine Ansicht.

Die Juden als Sündenböcke

Die wirtschaftlichen und sozialen Spannungen verliehen den Machtkämpfen innerhalb der herrschenden kommunistischen Partei in Polen einen besonderen Antrieb. Ein radikaler stalinistischer Flügel unter der Führung von Innenminister General Mieczysław Moczar versuchte in den 1960er-Jahren, Parteichef Władysław Gomułka zu entmachten. Diesem Zweck diente eine als »Antizionismus« kaschierte antisemitische Kampagne gegen Partei- und Staatsfunktionäre sowie Intellektuelle jüdischer Herkunft. Sie erreichte nach den Studentenunruhen im März 1968 ihren Höhepunkt und führte zur Auswanderung von mehr als 15 000 Juden.

Schon bei meinem ersten Besuch in Warschau im Januar 1957 hatte ich die Journalistin Edda Werfel kennengelernt. Ihr Mann Roman Werfel war ein prominenter Parteijournalist, zeitweilig sogar Chefredakteur der theoretischen Monatsschrift der Partei, *Nowe Drogi*. Bei den Studentenunruhen wurden ihre Tochter Katarzyna und andere Kinder jüdischer Funktionäre als »zionistische, der polnischen Nation fremde« Drahtzieher der regimefeindlichen Verschwörung angegriffen und vorübergehend verhaftet. Edda, mit ihren perfekten Deutschkenntnissen auch eine anerkannte Übersetzerin, emigrierte mit ihrer Tochter nach Wien, wo sie als Verlagslektorin tätig wurde. Mit ihrer Hilfe habe ich über vierzig bedeutende polnische Persönlichkeiten interviewen können, für die Wien meistens nur Transitstation auf dem Weg in die Emigration war. Sie hat für mich auch regelmäßig die wichtigsten Pressestimmen ausgewählt und übersetzt.

So konnte ich bereits in der September-Nummer 1968 der angesehenen jüdischen Monatsschrift *Commentary* in New York einen langen Aufsatz mit dem Titel »Polen – die Partei und die Juden« veröffentlichen. Später gab der Verlag Doubleday mein original auf Englisch geschriebenes Buch *Antisemitismus ohne Juden* über solche Entwicklungen und Tendenzen nicht nur in Polen, sondern im gesamten Ostblock heraus. Edda Werfel hat unter einem Pseudonym die deutsche Fassung (1972) erstellt. Später war sie nebenberuflich auch Textredakteurin meiner Vierteljahresschrift *Europäische Rundschau*.

Bereits vor der Veröffentlichung meiner Berichte über die antisemitische Kampagne hatte man meine Visagesuche in Polen, wie übrigens in allen Ostblockländern außer Rumänien, abgelehnt. Das war die Folge eines offiziellen Ansuchens des ungarischen Innenministers András Benkei vom 21. Oktober 1965 an seine Kollegen in den Bruderstaaten, eine Einreisegenehmigung für mich, »den besten Spezialisten für Fragen der sozialistischen Länder Osteuropas«, abzulehnen. Erst österreichische Interventionen nach dem Amtsantritt von Bundeskanzler Bruno Kreisky öffneten mir wieder den Weg auch nach Polen.

So kam ich erst 32 Jahre nach der Deportation meiner Großeltern und 29 anderer Verwandten aus Siebenbürgen auch nach Auschwitz. Mit einer kleinen österreichischen Journalistengruppe habe ich die Häftlingsblöcke, den Appellplatz, die Erschießungswand, die Gaskammer und das Krematorium besichtigt. Vor den Gebirgen von Menschenhaar stehend und an meine kleinen Verwandten, Vetter Hugo und Cousine Livia, denkend, bin ich plötzlich schluchzend zusammengebrochen. An diesem Sommertag im Todeslager habe ich mich als Überlebender, der kein Auschwitz-Häftling gewesen war, zutiefst geschämt. Wir haben dann das Lager verlassen, um mit dem Bus wieder nach Krakau zurückzufahren – aber Auschwitz hat mich nie mehr verlassen.

Mieczysław Rakowski, der gescheiterte Reformer

Durch persönliche Kontakte mit polnischen Journalisten und Wissenschaftlern hatte ich damals Zugang auch zu wichtigen gemäßigten Persönlichkeiten im reformkommunistischen und katholischen Umfeld. Zu diesen gehörte Mieczysław Rakowski (1926–2008), Chefredakteur der 1957 gegründeten Wochenzeitung *Polityka*. Gebildet, verbindlich und in gutem Deutsch vertrat er schon in den 1960er- und 1970er-Jahren das freundliche Gesicht der polnischen Außenpolitik. Die Tatsache, dass *Polityka* das einzige wichtige Blatt war, das sich nicht an der 1968 vom Apparat entfachten antisemitischen Hetze beteiligte, verschaffte ihm auch international einen guten Ruf. Es war kein Zufall, dass ich ihn zur allerersten »Oststudio«-Sendung des ORF am 30. März 1980 eingeladen habe.

Ich habe ihn auch davor in Warschau und in Wien immer wieder getroffen. Erst in seinem zehnbändigen Tagebuch, lange nach der Wende veröffentlicht, erfährt man freilich Details über seine bahnbrechende Rolle im deutsch-polnischen Dialog und auch seine wahre Meinung über verschiedene Krisensituationen. Wie so viele andere Beobachter war auch ich überrascht, als er im Februar 1981 in der Krisenregierung General Jaruzelskis den Posten des stellvertretenden Ministerpräsidenten übernahm, zuständig für den Dialog mit der rebellischen Gewerkschaft Solidarność. Mit der Verhängung des Kriegsrechts am 13. Dezember 1981 scheiterte Rakowski als Unterhändler und verlor viel Sympathie im Ausland; in Polen wandten sich viele seiner Anhänger von ihm ab.

Als »Held des Rückzugs« (Adam Krzemiński) wurde Rakowski 1988 Ministerpräsident. In Warschau nahmen wir ein längeres Fernsehinterview auf, in dem er sein Konzept der »Reformen von oben« erörterte, einige Monate bevor er die am runden Tisch ausgehandelten Wahlen verlor.

Stärker als der Eindruck unseres TV-Gesprächs bleibt in meiner Erinnerung jedoch meine Begegnung mit ihm im Herbst 1989 als letzter Erster Sekretär der Polnischen Vereinigten Arbeiterpartei, wie die KP offiziell hieß. Das früher wie eine Festung bewachte Parteihaus war verlassen und fast leer. Später beherbergte es übrigens die Börse. Mit Mühe fand ich das große Büro des Parteichefs. Rakowski erzählte mir vom Treffen der vom Sturz bedrohten Ostblockchefs in Moskau, das kurz zuvor stattgefunden hatte, und zitierte Michail Gorbatschow, der die Genossen sinngemäß mit den Worten getröstet hatte: »Was immer passiert, Genossen, der Sozialismus wird siegen.« Dazu bemerkte Rakowski angeblich vor den verdutzten Kollegen: »Schon möglich, nur wir werden nicht mehr dabei sein …«

Rakowski war für mich der scharfsinnigste und menschlich sympathischste kommunistische Journalist, der gefangen war in einem System, das er reformieren wollte. Sein Erinnerungsbuch *Es begann in Polen* wurde übrigens von derselben Lektorin, Anneliese Schumacher, lektoriert, die auch den Text meiner Memoiren *Auf schwarzen Listen* bearbeitet hat.

Als Politiker scheiterte er systembedingt, als Journalist und Chefredakteur der *Polityka* (1957–1982) war er aber in Deutschland und Österreich eine einzigartige Erscheinung in der grauen Eintönigkeit der kommunistischen Welt. Dank meines alten Freundes, dem im deutschen Sprachraum hochgeschätzten Publizisten Adam Krzemiński, konnte ich dessen biografisches Essay über Rakowski verwenden und die mich betreffenden Notizen aus Rakowskis Tagebüchern (aus den

Jahren 1976, 1980, 1985 und 1987) lesen. Was mich damals übrigens überrascht hat, war die Tatsache, dass Rakowski für die Überweisung seines Honorars für einen *Rundschau*-Artikel ein Bankkonto in Hamburg angegeben hat. War das ein Zeichen des Vertrauens oder des Leichtsinns?

Adam Schaff, eine Persönlichkeit mit vielen Gesichtern

Ganz anders waren meine Beziehungen zum marxistischen Philosophen Adam Schaff (1913–2006), den ich in den frühen 1960er-Jahren als Chefideologen der Kommunistischen Partei Polens kennengelernt hatte. Er gehörte zwischen 1955 und 1969 dem Zentralkomitee der KP an und war Direktor des Instituts für Philosophie und Soziologie in Warschau. Schaff vertrat zwar relativ gemäßigte Ansichten und war ein Gegner des stalinistischen, orthodoxen Parteiflügels, aber erst nach seiner Entfernung aus führenden Positionen infolge der antisemitischen Säuberungen 1968 entwickelte er sich von seinem Bezugssystem weg. Je weiter die Zeit voranschritt, umso offener trat er als Vertreter eines humanistischen Sozialismus auf. Seine Stellung als Leiter des sozialphilosophischen europäischen Zentrums in Wien und seit 1972 Gastprofessor für Sozialphilosophie an der Universität Wien gaben ihm die Freiheit, das kommunistische System offen zu kritisieren:»Der Kommunismus ist eine Bewegung, die nicht nur ihre Feinde, sondern ihre eigenen Exponenten und ihre eigene Geschichte getötet hat. Zwischen Lenin und Breschnew klafft ein großes schwarzes Loch, in das alle hineingefallen sind oder hineingestoßen wurden.« (Norbert Leser: *Skurrile Begegnungen*, 2011, S. 151)
   Unsere Beziehungen in Wien wurden enger, als er mich bat, seine nunmehr offene Abrechnung mit dem kommunisti-

19

schen Regime in der von mir redigierten *Europäischen Rund-schau* zu veröffentlichen. Die zwischen 1982 und 1987 in unserer Zeitschrift abgedruckten und für einen ehemaligen Chefideologen wahrlich erstaunlich scharf formulierten Feststellungen fanden internationale Beachtung und wurden als Vorwand genommen, um Schaff wegen »bourgeoisen und revisionistischen Gedankenguts« aus der Partei auszuschließen. Mein Verdacht, dass er trotz Kritik doch weiterhin Kontakte mit dem Apparat pflegte, wurde geweckt, als er mich Ende 1982 warnte, dass die Sowjets mich persönlich und die von mir geleitete Ostredaktion des ORF bald angreifen würden. Und in der Tat griff die sowjetische Regierungszeitung *Iswestija* mich und unsere Chefreporterin Barbara Coudenhove-Kalergi am 23. Januar 1983 unter dem Titel »Lügen auf dem Bildschirm« wegen »ideologischer Wühlarbeit« gegen den Ostblock scharf an.

Auch nach dem Zusammenbruch des Ostblocks blieb Schaff dabei, dass nicht die Theorie des Marxismus widerlegt worden sei, sondern nur dessen falsche Anwendung am falschen Ort und zur falschen Zeit. Er selbst hat sich jedenfalls anlässlich seines 85. Geburtstags als »Don Quijote des Sozialismus« bezeichnet. In diesem Sinne ist er tatsächlich zu einer tragikomischen Figur geworden.

Władysław Bartoszewski, der mutige Intellektuelle

Was für ein Kontrast zu jenem polnischen Freund, Władysław Bartoszewski (1922–2015), dem großen und mutigen katholischen Intellektuellen, dem einstigen Auschwitz-Häftling, der nach der kommunistischen Machtergreifung insgesamt sechs Jahre im Gefängnis verbringen musste und unter dem Ausnahmezustand im Dezember 1981 erneut verhaftet wurde. Kurz zuvor hatte ich mit ihm in einem Caféhaus in Wien ein Interview gemacht und illustrierte dann in einem »Zeit im Bild«-Kommentar des ORF anhand seiner Person und seines Schicksals die absurde Situation, in der die Bösen siegen und die Anständigen immer wieder – wie Bartoszewski 1944, 1948 und 1981 – von diesen verfolgt werden.

Es war eine glückliche Fügung, dass diese außergewöhnliche Persönlichkeit von 1990 bis 1995 als polnischer Botschafter nach Wien entsandt war. Mit ihm hatte ich von allen Polen die engsten persönlichen Beziehungen sowohl während seiner Zeit in Wien wie auch während seiner zwei Amtsperioden 1995 und 2000 als Außenminister. Kein Pole war in Deutschland und in Israel bekannter als er. Während der deutschen Besatzung war der junge Student Mitbegründer eines geheimen Komitees zur Rettung der Juden gewesen und musste deshalb sieben Monate in Auschwitz verbringen. Auch nach seiner Freilassung blieb er im Widerstand und bei der Judenhilfe aktiv. 1965 wurde er als »Gerechter unter den Völkern« von Yad Vashem in Jerusalem geehrt, und 1992 wurde ihm sogar die Ehrenbürgerschaft des Staates Israel verliehen. Bartoszewski begann seine bewegende Dankesrede bei einer Veranstaltung in Wien (10. Februar 1992) mit diesen Worten: »Es ist wahr, dass die Verleihung der Ehrenbürgerschaft eines Staates an einen Bürger eines anderen Staates, der noch dazu amtierender Botschafter in einem dritten Staat ist, ein äußerst seltener, wenn nicht einmaliger Fall ist. Es ist aber auch wahr, dass die historische Verbindung und Verflechtung des jüdischen und polnischen Elementes und die Rolle des Ostjudentums auf dem breiten Gebiet zwischen Deutschland und Russland von großer Bedeutung sowohl für die Geschichte des europäischen Judentums wie auch für die Geschichte meines Landes Polen war.«

Bartoszewskis Reden, Aufsätze und Bücher beschäftigten sich immer wieder mit der Verarbeitung der Vergangenheit im polnisch-deutschen und polnisch-jüdischen Verhältnis. Auch in seiner Eröffnungsrede bei der von der OSZE (Organisation für Sicherheit und Zusammenarbeit in Europa) in Wien veranstalteten internationalen Konferenz über Antisemitismus hat Bartoszewski am 19. Juni 2003 vor dem »in die falsche Maske des Antizionismus gekleideten Antisemitismus« gewarnt. Zur Begründung des von ihm vorgelegten konkreten Maßnahmenkatalogs zitierte er ein eindrucksvolles und auch heute noch höchst aktuelles Essay des ersten nichtkommunistischen polnischen Ministerpräsidenten Tadeusz Mazowiecki über den »Antisemitismus der gutmütigen und anständigen Menschen«: »Der offene, aktive Antisemitismus ist vordergründig aus unserem Leben verschwunden [...] aber da ist noch der Antisemitismus, der mit verdecktem Visier kämpft. Und vor allem gibt es in unserer Gesellschaft ein noch immer verbreitetes Phänomen: den sanften Antisemitismus, die tief im Herzen verborgene Verachtung oder ganz einfach den antijüdischen Mythos, den – wie einen nicht ganz erloschenen Funken – erneut anzufachen nicht allzu schwierig ist.« (*Partei nehmen für die Hoffnung*, 1990, S. 97–98)

Mazowiecki (1927–2013), Autor, Bürgerrechtsaktivist und einer der führenden Vertreter der Gewerkschaftsbewegung Solidarność, ging als der erste frei gewählte, nichtkommunistische Reformpremier 1989/90 in die polnische Geschichte ein. Im Gegensatz zum umtriebigen Bartoszewski, der bei Diskussionen und auch bei seinen Auftritten im ORF-»Europastudio« schnell wie ein Maschinengewehr sprach, wirkte Mazowiecki bei seinen Auftritten eher mit seinem Ernst und seiner Zurückhaltung.

Die großen Männer der Solidarność

Ich habe mich mit Lech Wałęsa, dem Helden des Widerstands 1980/81, dem legendären Gewerkschaftsführer und ersten Staatspräsidenten nach dem Umbruch (1990–1995), erst 2008 länger unterhalten, allerdings nicht im Fernsehen, sondern bei einer Livediskussion vor eingeladenem Publikum. Als Staatspräsident wurde Wałęsa allgemein als Versager betrachtet. Sprunghaft und unberechenbar, überwarf er sich nach kurzer Zeit mit Mazowiecki und anderen früheren Beratern. Als er im Jahr 2000 bei der Präsidentenwahl gegen den einstigen kommunistischen Jugendminister Aleksander Kwaśniewski kandidierte, bekam er nur mehr ein Prozent der Stimmen.

Als aber die rechtsnationalen Kaczyński-Zwillingsbrüder (Lech Kaczyński starb als Staatspräsident bei einem Flugzeugabsturz 2010, Jarosław Kaczyński gilt noch heute als der starke Mann Polens) Wałęsa mit der Anschuldigung, er sei in den 1970er-Jahren unter dem Decknamen »Bolek« ein Spitzel des kommunistischen Geheimdienstes gewesen, diskreditieren wollten, standen auch seine ehemaligen Freunde an der Seite Wałęsas und wiesen die manipulierten Vorwürfe zurück.

Die angesehensten und überzeugendsten Verteidiger Wałęsas waren Bronisław Geremek (1932–2008) und Adam Michnik. Beide habe ich gut gekannt. Geremek habe ich bei einem Mittagessen im Woodrow-Wilson-Institut in Washington in den spaten 1970er-Jahren kennengelernt. Der stille und zurückhaltend agierende Historiker hatte damals ein Forschungsstipendium. Später galt er als das eigentliche Gehirn der gesamten Solidarność-Bewegung. Ebenfalls nach der Verhängung des Kriegsrechts verhaftet, spielte Geremek eine Schlüsselrolle bei den Verhandlungen am runden Tisch, die zur friedlichen Ablöse des kommunistischen Machtapparats und zum Systemwechsel führten. Der perfekt Französisch und sehr gut Englisch sprechende Wissenschaftler war die Stimme Polens in der Welt, sowohl als Außenminister (1997–2000) als auch als Europapolitiker. Ich traf »Bronek«, wie sein Kosename hieß, immer wieder bei internationalen Konferenzen. Der Holocaust-Überlebende blieb auch als Träger des Karlspreises, der für Verdienste um Europa und die europäische Einigung vergeben wird, genauso bodenständig, offen, eigenständig und kritisch in seiner Haltung, wie ich ihn mehrere Jahrzehnte zuvor im Speisesaal des Wilson Centers erlebt hatte. Er starb völlig unerwartet im Sommer 2008 bei einem Verkehrsunfall in Polen. Das von ihm gelenkte Auto kollidierte mittags frontal mit einem Lastwagen, und man vermutete, dass der ständig reisende, 76-jährige Politiker am Lenkrad eingeschlafen war. Ich schrieb damals in meinem im *Standard* veröffentlichten Nachruf: »Geremek war ein unerschütterlicher Europäer, der mit seinem großen internationalen Ansehen den Weg Polens in die NATO und die EU geebnet hat. […] Geremek war ein zutiefst liberaler Mann, der die Kunst der geschmeidigen Lügen und den abrupten Frontwechsel der postkommunistischen Wendehälse stets verachtet hat. Ob Außenminister […], ob Vortragender oder Zuhörer, ist der polnische Historiker, in welcher Funktion immer, ein offener, freundlicher Brückenbauer, ein liberaler Europäer geblieben. […] Zur Zeit des großen Ausverkaufs der europäischen Werte und des Aufstiegs stromlinienförmiger Opportunisten fallen die Masken der Politiker von Berlin bis Warschau, von Wien bis Budapest. Bronisław Geremek trug nie eine Maske.«

Beim Staatsbegräbnis für Bronisław Geremek hielt ein anderer Freund, der Journalist Adam Michnik, die Hauptrede. Seinen Namen hörte ich zum ersten Mal im März 1968 bei der Berichterstattung über die Studentendemonstrationen. Als aus einer jüdischen und kommunistischen Familie stammender Aktivist wurde er ebenfalls zur Zielscheibe der Angriffe während der »antizionistischen« Lügenkampagne. Im Gegensatz zu den meisten anderen namentlich angegriffenen Studenten ging er weder ins Ausland noch zog er sich aus der Politik zurück, sondern wurde einer der international bekanntesten Bürgerrechtskämpfer in der kommunistischen Welt. Mehrere Male wurde er verhaftet und verbrachte insgesamt mehr als sechs Jahre in Polen hinter Gittern. Wir haben beim ORF alles getan, um die Aufmerksamkeit der österreichischen und europäischen Öffentlichkeit zu wecken und den Fall Michnik auf der Tagesordnung zu halten.

Ich traf Adam Michnik erst nach der Wende persönlich, dann aber immer wieder bei internationalen Veranstaltungen. Dass er leicht stottert und Französisch und Russisch, aber kein Englisch, geschweige denn Deutsch spricht, hat seine persönliche Ausstrahlung nicht beeinträchtigt. Die zweifellos amüsanteste Begegnung fand Anfang der 1990er-Jahre in Moskau statt. Wir nahmen beide an einer internationalen Tagung teil, die in einem für die kommunistische Machtelite reservierten Hotel im Kreml abgehalten wurde. Dort erschien Adam Michnik mit einem gut sichtbaren Abzeichen an seinem Jackett: »I like KGB«. Die Vertreter des damals langsam zerfallenden Sowjetregimes zeigten keine vernehmbare Reaktion.

Nach der Wende hat Adam Michnik als Chefredakteur der neuen, liberalen und meistgelesenen Tageszeitung *Gazeta Wyborcza* und als Parlamentsabgeordneter eine wichtige, allerdings auch umstrittene Rolle gespielt. Vor allem seine Unterstützung für die von Ministerpräsident Mazowiecki vertretene Idee, unter die kommunistische Vergangenheit »einen dicken Strich« zu ziehen, wurde von vielen Kampfgenossen im liberalen Lager und erst recht in nationalkonservativen Kreisen scharf zurückgewiesen. Die rechtsradikalen und nationalistischen Antisemiten haben ihn oft als »jüdischen Bolschewiken« beschimpft.

25

Nach dem Erscheinen der polnischen Ausgabe meines Buches *Die Ungarn* traten wir zusammen bei einem Diskussionsabend im Versammlungssaal seiner Zeitung vor mehreren Hundert Interessierten auf. Adam Michnik nahm weder dort noch in Moskau ein Blatt vor den Mund, wenn er über die autoritären Regime in Polen oder in Ungarn sprach. Von Anfang an, seit 2010, war er einer der schärfsten öffentlichen Kritiker der Politik Viktor Orbáns gewesen. Über Putin sagte er, dieser sei kein »normaler« Politiker, sondern ein Abenteurer, der nur Kräfteverhältnisse verstehe: »Im historischen Vergleich, würde ich sagen, ähnelt Putin immer mehr Mussolini. Ein grotesker und gefährlicher Diktator« (FAZ, 4. März 2015).

Dass Polen seit den Präsidentschafts- und Parlamentswahlen 2015 mit dem Sieg der von Jarosław Kaczyński geführten Partei »Recht und Gerechtigkeit« (PiS) auf den Kurs Orbáns umgeschwenkt hat, ändert nichts an meiner Zuneigung zu diesem wunderbaren Land, das in meinem Leben seit so vielen Jahren eine schicksalhafte Rolle gespielt hat. Eine besondere Freude ist für mich, dass meine Orbán-Biografie (nach Deutsch, Englisch, Rumänisch und Ungarisch) auch auf Polnisch erscheint.

Albanische Abenteuer: Die Königin, der Diktator und die Freiheitskämpfer

Eine Geschichte wie ein Märchen

Keine Nation auf dem Balkan hat mich so früh und so lange fasziniert wie die Albaner. Am Anfang waren da die Erinnerungen aus meiner Kindheit in Budapest. Es war eine romantische Geschichte: Der (selbst ernannte) König Zogu von Albanien (1895–1961) hatte sich in die ungarische Gräfin Geraldine Apponyi verliebt. Zuerst hatte er Fotos des um 20 Jahre jüngeren, bildhübschen Mädchens aus dem ungarischen Hochadel gesehen und sie dann zu Silvester 1937 nach Tirana eingeladen. Die glanzvolle Hochzeit fand im April 1938 in der albanischen Hauptstadt statt. Das kleine Land war de facto ein Protektorat des faschistischen Italiens, und Graf Ciano, Außenminister und Schwiegersohn Mussolinis, war einer von Zogus Trauzeugen. Der Stammeshäuptling Zogu aus dem gebirgigen Norden beherrschte das Land 15 Jahre lang, zuerst als Ministerpräsident, ab 1928 als »Zogu der Erste, König von Albanien«.

Über dessen abenteuerliches frühes Leben berichtete Fürst Ludwig Windisch-Grätz in seinen Memoiren. Er war vom österreichisch-ungarischen Generalstab 1915 zum jungen Beg Zogu geschickt worden, um ihm 100.000 Kronen in Gold zu überreichen und dadurch seine Unterstützung zu gewinnen.

Gleichzeitig hatten die Bulgaren ihren Generalstabschef mit einem ähnlichen Auftrag und 100.000 bulgarischen Lewa (allerdings nur Papiergeld) ebenfalls zu Zogu entsandt. Windisch-Grätz beschreibt die Begegnung so: »Wir trafen nach dreitägiger Wanderung durch die Schluchten des Balkans im Felsenschloss Zogus ein, der sich als damals ganz junger Mann in Pepitahose, gelben Schuhen und Smoking präsentierte, welche Adjustierung im krassen Gegensatz zu dem martialischen Aussehen seiner Männer stand, die das Felsenschloss mit ihren Lagern umgaben. Zogu steckte nachmittags die bulgarischen Papier-Lewa ein – empfing mich in der Nacht, versicherte mich seiner unbedingten Liebe und Treue zur Habsburgermonarchie, bekam meine Dukaten und versprach, nach Skutari zu marschieren. Er ist wenige Tage später mit allen seinen von den Serben erbeuteten Waffen zu den Griechen übergelaufen, die ihn nicht nur ebenfalls teuer bezahlt, sondern ihm später den Weg zum albanischen Thron geebnet haben. Zogu war ein kluger albanischer Gangster ...«

Die Budapester Blätter hatten natürlich nicht über solche Episoden aus den jungen Jahren des Königs berichtet, sondern ihre Leser (auch mich, den damals neunjährigen Buben) ausschließlich mit anschaulichen Reportagen und schönen Bildern über die unerwartete, glanzvolle Wendung in der an Niederlagen reichen ungarischen Geschichte – eine junge ungarische Königin auf dem Thron eines Balkanlands – in Begeisterung versetzt. Die Boulevardblätter hoben besonders den Mut des Königs hervor, der 1931 auf der Treppe der Wiener Staatsoper mit Attentätern in eine Schießerei geraten war. Kein Wunder, dass Zogu angesichts weiterer Attentatsversuche auch beim Schwimmen im Meer stets von drei bewaffneten Leibwächtern in einem Boot begleitet wurde.

Das Glück währte allerdings nur ein knappes Jahr. Im April 1939 schlugen Mussolinis Truppen zur Vorbereitung des späteren Angriffs auf Griechenland zu. Zogu flüchtete mit seiner Frau und dem zwei Tage alten Kronprinzen Leka samt einer 32-köpfigen Begleitung über Athen und die Türkei nach Frankreich und England. Seine persönliche Habe bestand immerhin aus 150 Koffern und Kästen, einschließlich sieben Kisten Gold. Während der Exilkönig mit seinem Hofstaat im Londoner Luxushotel Ritz logierte, wurde Albanien zu einem Nebenkriegsschauplatz im Zweiten Weltkrieg.

Ich habe im Jahr 1984 die damals 68 Jahre alte Geraldine und ihren Sohn, der nach dem Tod seines Vaters den Titel »Leka I., König der Albaner« angenommen hatte, bei den Dreharbeiten für eine ORF-TV-Dokumentation über Albanien in Paris persönlich kennengelernt. Warum Paris? Der »König« lebte mit seiner australischen Ehefrau als Geschäftsmann in Johannesburg in Südafrika. Ich hatte nach entsprechender brieflicher Vereinbarung über einen Interviewtermin eine Dienstreise nach Südafrika unternommen. »König Leka« war aber nicht zu finden. »Seine Majestät hat nach Paris fliegen müssen«, sagte mir »Königin Susan« am Telefon. Offenbar hatte ihm das südafrikanische Außenministerium, das ich wegen anderer Termine auch kontaktiert hatte, nahegelegt, das Land während meines Aufenthalts zu verlassen, um Aufsehen zu vermeiden.

Das Treffen fand schließlich in einer Villa in einem Vorort von Paris statt. Da wir etwas früher als zum vereinbarten Zeitpunkt angekommen waren und einige Häuser entfernt in unserem Wagen warteten, konnten wir die Ankunft von mehreren jungen Männern mit Koffern beobachten. Wir haben sie bei den Dreharbeiten bald wiedergesehen, allerdings in wohl selbst entworfenen Paradeuniformen, vor einer königlichen albanischen Fahne. Die drei Begleiter standen hinter dem fast zwei Meter großen Leka. Seine zierliche Mutter saß daneben in einem Armstuhl. Es war ein merkwürdiges Gespräch mit der eleganten und noch immer attraktiven Geraldine, die dank ihrer amerikanischen Mutter und den Jahrzehnten im Ausland beinahe besseres Englisch sprach als Ungarisch. Sie hat von ihrer Flucht mit dem Baby und von den Schwierigkeiten im Exil erzählt. Ihr Sohn, der exzentrische Thronprätendent »König Leka I.«, erklärte laut, dass er nicht nur der rechtmäßige König von Albanien sei, sondern vor allem der »Führer einer Widerstandsbewegung gegen die atheistische kommunistische Diktatur«. Anschließend gingen wir auf den nahe gelegenen Friedhof, wo Mutter und Sohn Blumen am eindrucksvollen Grabmal von König Zogu niederlegten. Von dem Intermezzo haben wir nur einen relativ kleinen Teil in der im August 1984 ausgestrahlten Dokumentation verwenden können, doch muss ich zugeben, dass diese Begegnung mit den theatralischen Figuren von gestern in der ungarisch-albanischen Geschichte eine denkwürdige Erinnerung geblieben ist. Geraldine kehrte erst 2002, knapp vor ihrem Tod, nach Tirana zurück. Ihr Sohn Leka I. starb einige Jahre später. Die Familie hatte von der postkommunistischen Regierung ihr Haus in der Hauptstadt zurückerhalten. Im Jahr 2012 wurde Zogus Leichnam in Paris exhumiert, nach Tirana gebracht und dort in einem neu gebauten Mausoleum mit Geraldine und Leka beigesetzt.

Die schöne Apponyi-Tochter Geraldine war übrigens eine Cousine der Mutter des österreichischen Spitzendiplomaten Botschafter Albert Rohan, dessen Onkel als einer der wenigen Angehörigen aus der betont katholischen Familie Apponyi 1938 der pompösen Hochzeit der verarmten Cousine mit einem muslimischen Stammesführer beigewohnt hatte. Von Rohan, dem Enkelkind des großen ungarischen Staatsmannes Graf Albert Apponyi, erfuhr ich, dass er seinen Vetter Leka in den 1960er-Jahren in Paris noch als »Prinzen von Albanien« persönlich kennengelernt und einige Male getroffen hatte.

Nach dem Tod seines Vaters ließ sich Leka in Anwesenheit zahlreicher Exilalbaner aus der ganzen Welt in einem Pariser Nobelhotel zu König »Leka I.« krönen. In einem Gespräch mit Albert Rohan begründete Leka diesen operettenhaften Vorgang so: Er habe keine Wahl, da die vor allem in Australien und Nordamerika sehr starke albanische Diaspora beträchtliche Beträge für den Unterhalt der Familie aufbringe und auf dem Vorhandensein eines Königs bestehe. Der österreichische Diplomat hat vor ein paar Jahren sogar den 1982 geborenen Sohn von Leka I. in Tirana kennengelernt. Dieser »Leka II.« arbeitet heute als Berater für die albanische Regierung und heiratete vor zwei Jahren eine bekannte albanische Schlagersängerin. Zu den überraschenden Wendungen dieser ungarisch-albanisch-österreichischen Märchengeschichte gehört auch die Tatsache, dass Albert Rohan als Stellvertreter des finnischen Friedensnobelpreisträgers Martti Ahtisaari den internationalen Weg zur Unabhängigkeit des Kosovo im Jahr 2008 maßgeblich mitgestaltet hat.

Ein kurzer historischer Rückblick

Der andere Beweggrund für mein Interesse am Schicksal der Albaner waren die Parallelen in der albanischen und ungarischen Geschichte. Die Einsamkeit der Albaner, die ja genauso eine isolierte Ethnie darstellen wie die Ungarn, und ihre Sprache, die, weil ohne Verwandtschaft mit anderen Idiomen, für die übrigen Völker ähnlich exotisch klingt wie die ungarische, beflügelten meine Fantasie. Dazu kam die Schicksalsgemeinschaft der beiden gespaltenen Nationen – die Lage der großen ungarischen Minderheiten in Rumänien, Serbien und der Slowakei und die der albanischen Volksgruppen in Serbien, Mazedonien und Montenegro.

Zur kurzen Erklärung des historischen Hintergrunds gehört vor allem der Hinweis, dass die Albaner, die ältesten Einwohner des Balkans, nie ein einheitliches, großes nationales Reich gebildet haben, und dadurch unterschieden sie sich von den benachbarten Serben, Bulgaren und Griechen. Ihre Geschichte besteht aus einer Verkettung von Invasion und Verteidigung, von Unterwerfung und Aufruhr, überschattet vom ständigen Albtraum der Teilung. Nach 500 Jahren osmanischer Herrschaft waren 70 Prozent des albanischen Volkes islamisch, 10 Prozent (im Norden) katholisch, 20 Prozent (im Süden) orthodox. Im Lauf der Jahrhunderte entstand auch eine Vielzahl von Dialekten. Die zwei Hauptdialekte sprechen die Gegen im Norden und die Tosken im Süden.

Die Albaner spielten als gleichberechtigte Moslems in der herrschenden Schicht des Osmanischen Reiches eine bedeutende Rolle. Zahlreiche Großwesire, so auch der ägyptische Vizekönig Mehmet Ali, waren albanischer Herkunft, wie übrigens auch der Gründer der modernen Türkei, Kemal Atatürk, und die Friedensnobelpreisträgerin Mutter Teresa.

In der Zeitspanne zwischen dem Berliner Kongress 1878 und den Balkankriegen 1912/13 kämpften die Albaner für die Schaffung eines unabhängigen nationalen Staates. Am 28. November 1912 proklamierten albanische Patrioten in Vlora die Unabhängigkeit Albaniens und bildeten eine provisorische Regierung. Die Großmächte entschieden sich zwar für die Schaffung eines unabhängigen Albanien, doch lebte die Hälfte der albanischen Bevölkerung außerhalb der 1913 von der Londoner Botschafterkonferenz gezogenen Grenzen des neuen Staates. Serbien, Montenegro und Griechenland waren die Sieger der Balkankriege und wollten sogar Rumpfalbanien zerstückeln. Die endgültige Festlegung der Grenzen erfolgte 1926, sodass man sagen kann, dass die Geburt des heutigen Albanien fast 15 Jahre dauerte.

Es gehört zu den verblüffenden Wendungen der albanischen Geschichte, dass »Großalbanien«, der uralte Traum der albanischen Nationalisten, von den Besatzungsmächten, dem Dritten Reich und dem faschistischen Italien, zwischen 1941 und 1944 verwirklicht wurde. Zwischen 1945 und 1990 haben sich die Albaner mehrere Jahrzehnte lang voneinander völlig getrennt auseinanderentwickelt. Die »Söhne der Adler«, deren Gesamtzahl sich bis 1990 auf 5,5 Millionen verdreifacht hat (3,5 Millionen in Albanien, 1,6 Millionen in der zu Serbien gehörenden Provinz Kosovo und 440 000 in der mazedonischen Teilrepublik in Jugoslawien), lebten zwischen 1945 und 1990 auf dem Balkan unter kommunistischer Herrschaft.

Der Eindruck von scheinbar gleichförmigen Einparteiendiktaturen war aber seit dem Bruch zwischen Stalin und Tito im Jahr 1948 trügerisch. Ich habe selber hautnah erlebt, wie unterschiedlich der Alltag der Jugoslawien-Albaner und jener der Bevölkerung in Albanien selbst war, ebenso die heute unvorstellbaren Kontraste in der Atmosphäre im sich ständig wandelnden Vielvölkerstaat Jugoslawien und in der albtraumhaften, von Enver Hodscha errichteten totalitären Herrschaft in Albanien. Während es mir gelang, seit etwa 1962/63 alle Regionen Jugoslawiens, wenn auch nicht immer ohne Aufsicht der Behörden, regelmäßig zu besuchen, öffnete sich für mich das Tor zu Albanien zum ersten Mal erst 1984. Deshalb beschäftige ich mich zuerst mit meinen Kosovo-Erlebnissen.

Albaner im Kosovo – die unterdrückte Mehrheit

Bereits auf meiner ersten oder zweiten Jugoslawienreise (Anfang der 1960er-Jahre) besuchte ich die überwiegend von Albanern bewohnte, zur Teilrepublik Serbien gehörende autonome Provinz Kosovo. Vor allem das Phänomen des Nationalismus in seinen vielen Facetten überschattete von Anfang an auch im Kosovo alles und schuf letzten Endes nach blutigen Konflikten eine neue Lage. Immer wieder machte ich die Erfahrung im Vielvölkerstaat Jugoslawien, dass auch unter den Verhältnissen einer kommunistischen Parteidiktatur das nationale Element eine größere Kraft darstellte als das ideologische, wenn die beiden miteinander in Konflikt gerieten.

Auf meiner ersten Reise in das Kosovo traf ich den formell ersten Mann in der autonomen Provinz, den gebürtigen Albaner Fadil Hodscha, der zur alten Garde der Partisanen der ersten Stunde gehörte. Er zählte routiniert die Liste der Leistungen für die bereits über 70 Prozent der Bevölkerung ausmachenden Albaner auf. Beim anschließenden Mittagessen hörte ich die ähnlich optimistischen und überzeugend klingenden Berichte auch anderer Funktionäre über den Kampf zur Verringerung des 80-prozentigen Analphabetentums, zur Verbesserung der ärztlichen Versorgung und für die Gleichberechtigung der Albaner. Sie standen zweifellos im krassen Gegensatz zur allgemeinen Serbisierung und zum völlig rechtlosen Status der unterdrückten albanischen Bevölkerung in Jugoslawien zwischen den beiden Weltkriegen.

Wenig wusste und merkte ich allerdings damals von den wahren Zuständen in der autonomen Provinz. Ich bewunderte und zeigte auch in späteren Fernsehberichten die wegen ihres Reichtums an Fresken, Skulpturen und Mosaiken gerühmten, prachtvollen Klöster in Gračanica und Dečani und die Patriarchatskirche in Peć. Die meisten wurden zur Zeit des mittelalterlichen serbischen Reiches der Nemanjiden-Dynastie errichtet. Bei dem ewigen Kampf um das historische Erstgeburtsrecht, also die Frage, ob die Slawen oder die Albaner die ersten Siedler im Kosovo waren, pochen die serbische orthodoxe Kirche und die meisten Serben auf diesen »heiligen Boden« des mittelalterlichen Serbien. Dazu kommt noch der zentrale politische Mythos über die von Legenden umwobene Schlacht auf dem Amselfeld in der Nähe der heutigen Kosovo-Hauptstadt Priština, die am 28. Juni 1389 stattfand. Der serbische Anspruch auf das Kosovo gründete sich vor allem darauf, dass die Serben das »Christentum gegen den Islam« verteidigt und sich für das christliche Abendland geopfert hatten.

Über die Siedlungsverhältnisse im Kosovo von der Antike bis zur Gegenwart ist unablässig gestritten worden. Lebten die Albaner dort schon vor den Serben? Wie und warum entwickelten sich die Siedlungsverhältnisse im Lauf der Jahrhunderte? Bereits zur Zeit meines ersten Besuches waren das Übergewicht der Albaner und die zunehmende Prägung des Alltags durch diese ständig wachsende Mehrheit auch für mich offensichtlich. Was ich aber nicht wusste, war die Tatsache, dass die Albaner in allen Bereichen von der schrumpfenden serbischen Minderheit als Bürger zweiter Klasse marginalisiert wurden. Erst das berühmt gewordene historische Plenum des Zentralkomitees des Bundes der Kommunisten Jugoslawiens im Juli 1966 hat die Situation mit dem Sturz des allmächtigen Geheimdienstchefs Aleksandar Ranković grundlegend verändert.

Nirgends war das Gefühl der Befreiung so stark und so allgegenwärtig wie in der autonomen Provinz Kosovo. Erst jetzt erfuhr die Welt von der Verfolgung und Ermordung vieler Kosovo-Albaner seit dem Krieg. Unter der Herrschaft der von den Serben kontrollierten UDBA, der Geheimpolizei, war die in der Verfassung garantierte nationale und politische Gleichberechtigung eine Farce. Es gab 120 000 Dossiers über »unzuverlässige« Albaner. Bis zur Neugestaltung der höchsten Parteiorgane war in der Führungsspitze kein einziger Albaner gewesen. Nach den ersten positiven Änderungen in der Provinz, die die Kosovo-Albaner als Akt längst überfälliger Gerechtigkeit empfanden, beschwerten sich jedoch serbische Kollegen und sogar befreundete Mitarbeiter der (auf die Ideen des »humanistischen Marxismus« pochenden) kritischen Zeitschrift *Praxis* in Gesprächen mit mir über »den Ausverkauf des Kosovo an die Albaner«. Auch viel später, in den 1970er- und 1980er-Jahren bei den leidenschaftlichen Diskussionen im ORF-Oststudio, sagten selbst die slowenischen und kroatischen Teilnehmer von sich aus kaum etwas über die Ereignisse in der umkämpften Provinz, die das Wetterleuchten für die kommenden Katastrophen im zerfallenden Jugoslawien sein sollten. Diese für mich immer wieder verblüffende Mischung aus Ignoranz und Gleichgültigkeit prägte wohl auch das beharrliche Schweigen der kritischen serbischen Intellektuellen über die gerechten Forderungen der Albaner nach faktischer und nicht nur formaler Gleichberechtigung.

Bei meinen Gesprächen vor allem in Ljubljana und Zagreb, aber oft auch in Belgrad, musste ich immer wieder feststellen, dass nicht nur die Funktionäre, sondern auch die Journalisten niemals im Kosovo gewesen waren. Die anderen Jugoslawen nahmen die Albaner, die man in der serbokroatischen Alltagssprache stets herablassend als »Schiptaren« bezeichnete, nicht als gleichberechtigte Mitbürger, sondern bloß als Straßenkehrer oder Zuckerbäcker wahr. Ich erinnere mich daran, mit welcher Verachtung bei meinem allerersten Besuch in Priština der slowenische Hoteldirektor, ein ehemaliger Offizier der königlichen Vorkriegsarmee, über die Kosovo-Albaner sprach. Selbst nach den Maßnahmen zum Abbau der Herrschaft der Geheimpolizei und zur Aufwertung der Minderheitenvertreter in den Körperschaften der Selbstverwaltung zirkulierten Witze wie dieser: »Der Präsident kündigt das Ende der Abendsitzung des Bundesparlamentes in Belgrad an, aber er bittet die Abgeordneten aus dem Kosovo, im Saal zu bleiben. ›Warum sagst du das?‹, fragt ein Kollege. ›Heute wird der Abfall abgeholt, und jemand muss ja den Mist aus dem Saal hinaustragen ...‹«

Der Aufstand einer jungen Generation

Wichtiger als diese bösen Sticheleien war das tief verwurzelte Misstrauen der titoistischen Führung. Seit dem Ausschluss Jugoslawiens aus dem Kominform 1948 und der Parteinahme des albanischen Diktators Enver Hodscha für Stalin wurden die »Schiptaren« als potenzielle Verräter verdächtigt. Marschall Tito (halb Kroate und halb Slowene) gestand mit der neuen Verfassung 1974 dem Kosovo wohl auch aus Machtkalkül gegen die Gefahr des großserbischen Nationalismus den Status einer autonomen Provinz mit mehr Kompetenzen und mit nur losen Bindungen an Serbien zu. Das Kosovo erlebte laut dem bedeutenden deutschen Zeithistoriker Holm Sundhaussen nach Ende der 1960er-Jahre »einen schwindelerregenden Modernisierungsschub«. Vor allem handelte es sich auch um eine Bildungsoffensive, die eine selbstbewusste junge Generation hervorbrachte. Der Anteil der Analphabeten sank von 52 Prozent bis Ende der 1980er-Jahre auf 12 Prozent. Zugleich studierten an der Universität Priština bereits 36 000 albanische Studentinnen und Studenten; weitere 18 000 hatten Aufbaustudiengänge belegt. Selbst der kritische Beobachter Jugoslawiens Sundhaussen stellte später über die Entwicklung in der Provinz fest: »Die albanische Gesellschaft befand sich in einem sozialen und kulturellen Umbruch wie nie zuvor in ihrer Geschichte.« (*Jugoslawien und seine Nachfolgestaaten*, 2014)

Warum brachen dann im März / April 1981, knapp ein Jahr nach Titos Tod, ausgerechnet in der Kosovo-Hauptstadt Priština die vorderhand größten Unruhen in der jugoslawischen Nachkriegsgeschichte aus? Den Studentenprotesten schlossen sich nach Zusammenstößen mit der Polizei Zehntausende Albaner – Arbeiter, Lehrer und arbeitslose Mittel- und Hochschulabsolventen – an. Als ich einige Wochen später auf der Landstraße von der südserbischen Stadt Niš nach

Priština fuhr, war es bereits einige Kilometer nach Querung der unsichtbaren Grenze zwischen Serbien und dem Kosovo klar, dass von einer Normalisierung der Lage keine Rede sein konnte. Es herrschte noch immer Ausnahmezustand. Die Armee riegelte die Hauptstadt mit Panzern ab. Für Ausländer und nicht ortsansässige jugoslawische Reisende war die Region ohne behördliche Genehmigung praktisch gesperrt. Auch das Versammlungsverbot bestand weiter; Kinos, Theater und Tanzlokale waren zur Zeit unseres Besuches noch immer geschlossen. Auf Schritt und Tritt spürte man die beklemmende Eskalation des gegenseitigen Hasses. Rund 30 000 Soldaten wurden in das Kosovo verlegt. Die Soldaten und die aus dem ganzen Land herbeigeholten Sondereinheiten der Polizei gingen gegen die Demonstranten brutal vor. Wenn man sah und hörte, wie die albanischen Autofahrer oder sogar Passanten von serbischen, kroatischen und bosnischen Polizisten oder Milizpatrouillen barsch und natürlich auf Serbokroatisch zur Legitimierung aufgehalten wurden, war es offensichtlich, dass solche Vorfälle auch bei den nicht extrem nationalistischen Albanern tiefe Wunden zurücklassen mussten.

Andererseits waren nicht nur die Serben, sondern auch die Kroaten, Slowenen und Mazedonier empört, dass sich die Kosovo-Albaner trotz einer enormen binnenjugoslawischen föderativen Entwicklungshilfe – die allein in den folgenden fünf Jahren 4,7 Milliarden Dollar betragen sollte – und obwohl auch zwei Drittel aller internationalen Kredite in das Kosovo abgezweigt wurden über eine innerjugoslawische Ausbeutung und über ein immer stärkeres Zurückbleiben hinter den anderen Landesteilen beschwerten. Slowenische Freunde waren besonders irritiert durch den Bau von aus Bundesmitteln finanzierten Prestigeobjekten wie der teuersten Bibliothek Jugoslawiens in Priština, dem vielleicht aufwendigsten Jugend- und Sportzentrum, dem modernsten Medienhaus und den protzigen Bankpalästen.

Wenn wir aber die Gründe für die Auflehnung und die Proteste der Jugend suchen, von deren Ausmaß die Führungen des Bundes der Kommunisten und der föderalen Staaten offenbar völlig überrascht waren, müssen wir zuerst feststellen, dass das Kosovo-»Wirtschaftswunder« trügerisch gewesen war. Es gab Wachstum auf Pump, niedrige Produktivität und eine außerordentlich hohe Geburtenrate der Albaner. Zugleich zählte man in der ganzen Welt nur in den Vereinigten Staaten mehr Studenten pro Kopf der Bevölkerung als in Jugoslawien, hieß es in einer Belgrader Zeitung. Auch im Kosovo wartete die rasend schnell wachsende albanische Studentenschaft vergeblich auf Beschäftigung. Jeder dritte Arbeitslose war ein Mittel- oder Hochschulabsolvent.

Der zunächst soziale Protest nahm schnell brisante politische und nationale Formen an. Die Provinz Kosovo hatte mehr Einwohner als Slowenien oder Montenegro, aber sie genoss nicht die Rechte einer Teilrepublik, sondern blieb bloß eine autonome Provinz innerhalb Serbiens. Die Perspektivlosigkeit der neuen Bildungselite verlieh den nationalistischen Strömungen bei der jungen Generation einen gewaltigen Auftrieb. Nun forderten Zehntausende junge Kosovaren den Republikstatus für ihre Provinz. Nicht nur ich war verblüfft, dass linksextremistische Gruppen sogar das stalinistische Regime des Diktators Enver Hodscha hochleben ließen. Niemand konnte bezweifeln, dass die Kosovo-Albaner einen viel höheren Lebensstandard und eine unvergleichlich größere Bewegungsfreiheit genossen als ihre Landsleute im Nachbarland Albanien. Doch war die Durchschlagskraft des nationalen Selbstbehauptungswillens stärker als die vermeintlichen Vorteile aus der Zusammenarbeit mit den anderen Völkern Jugoslawiens. »Man redet von Feinden, von Drahtziehern aus Albanien. Doch in Wirklichkeit sind die Feinde unsere Töchter und Söhne«, sagte mir im Privatgespräch ein erbitterter ranghoher albanischer Funktionär.

Zur Zeit meines Besuches im Frühsommer 1981 war Priština, wie der Titel meiner Großreportage für die *Basler Zeitung* hieß, eine »Stadt der Studenten, Soldaten und Spitzel«. Ich habe damals grausige Einzelheiten über das brutale Vorgehen der »multinationalen« (also aus Serben, Kroaten und Slowenen bestehenden) Sondereinheiten gehört. Den offiziellen Angaben (elf Tote, unter ihnen zwei Polizisten, und etwa 200 Verwundete) glaubte niemand. Die Kosovo-Albaner sprachen von 300 Opfern. Genaues weiß man bis heute nicht. Laut glaubwürdigen Schätzungen gab es auf albanischer Seite rund 100 Tote.

Die Atmosphäre im Fünfsternehotel in Priština war gespenstisch. Die meisten der 360 Zimmer waren entweder leer oder von Geheimpolizisten und Reserveoffizieren besetzt. Als einer der paar Auslandsjournalisten, deren Reise in die Provinz von Belgrad bewilligt wurde, konnte ich auch die ungeteilte, wenn auch diskrete Beschattung während meines Aufenthalts genießen. Allerdings muss ich auch zugeben, dass diese bis dahin in Jugoslawien für mich ungewohnte »Fürsorge« durch die Obrigkeit auch Vorteile hatte. So wurde mir vom höflichen Empfangschef des Hotels mein nach einem Besuch in der modernen Gummifabrik in der Stadt Suhareka auf einer Wiese verlorener Reisepass am Abend wieder überreicht. Offiziell hieß es, der Ausweis sei von einem in der Nähe der Fabrik wohnenden Angestellten gefunden worden. Zum ersten und wohl zum letzten Mal wurde ich von einem Geheimdienst, in diesem Fall dem gefürchteten UDBA, so freundlich und zuvorkommend behandelt, dass man mir auf Umwegen ein so wichtiges Dokument wieder zukommen ließ. Man darf nicht vergessen, dass der gleiche Dienst politisch gefährliche

40

kroatische Exilanten in Deutschland durch Mordkommandos umbringen ließ.

Jedenfalls wies die jugoslawische Partei- und Staatsführung die Forderungen nach einer siebenten Republik einhellig zurück und startete eine massive Kampagne gegen die albanischen »Konterrevolutionäre« und »Separatisten«. Zwischen März und Juni 1981 wurden etwa 1700 überwiegend junge Menschen verhaftet und über 200 zu teilweise mehrjährigen Haftstrafen verurteilt. Rückblickend war all das die eigentliche Geburtsstunde des offen und stolz bekundeten nationalen Bewusstseins der jungen Generation der Kosovo-Albaner, deren teils gewalttätige Demonstrationen auch auf die Tetovo-Region in Mazedonien übergriffen. Für mich war das, was ich in diesen Wochen in der Provinz Kosovo und in Jugoslawien erlebte, auch ein persönlicher Wendepunkt. Im Rückblick sehe ich klar den Anfang des langsamen Übergangs von meiner projugoslawischen Einstellung zur Anerkennung und schließlich zur Unterstützung der nationalen Bestrebungen nicht nur der Kosovo-Albaner, sondern auch der Kroaten und Slowenen.

Der schwierige Weg des Kosovo in die Unabhängigkeit

Das, was damals im Kosovo passierte, war ein Menetekel für die drohende Katastrophe des Zweiten Jugoslawien. Die nationalen Spannungen zwischen der albanischen Mehrheit und der serbischen Minderheit verschärften sich im Lauf der 1980er-Jahre, und die Radikalisierung beider Seiten erwies sich als unaufhaltsam. Albanische Nationalisten sprengten serbische Partisanendenkmäler, beschädigten die alten serbischen Kirchen und Klöster, beschleunigten mit Drohbriefen und feindlichen Parolen die Auswanderung der Serben. Immer mehr Montenegriner und Serben verkauften unter dem direkten und indirekten Druck der »Albanisierung« ihr Land und ihren Hof oder suchten um eine Anstellung in Serbien an.

Rückblickend kann man ohne Übertreibung sagen, im Kosovo begannen die Krise und der Zerfall Jugoslawiens, ebenso der Aufstieg und das Ende des serbischen Diktators Slobodan Milošević, dessen Schicksal wegen begangener Kriegsverbrechen gegen die Kosovo-Albaner hier besiegelt wurde. Der Weg des Kosovo vom friedlichen Widerstand gegen die serbische Unterdrückung zum bewaffneten Kampf des UÇK (Befreiungsarmee des Kosovo), von der Vertreibung von über einer Million Kosovo-Albaner und dem Eingreifen der NATO (Luftangriffe vom 24. März bis 9. Juni 1999) bis zur Ausrufung der Unabhängigkeit der Republik Kosovo am 17. Februar 2008, die bisher von 114 Staaten (allerdings weder von Serbien noch von fünf EU-Staaten) anerkannt wurde, lässt sich hier nicht einmal telegrammartig zusammenfassen.

Ich möchte nur hervorheben, dass Österreich im Einklang mit seinem traditionellen Engagement auf dem Balkan auch bei diesem kurvenreichen Weg des Kosovo eine wichtige Rolle gespielt hat. Bereits im Sommer 1990 ergriff Außenminister Alois Mock eine Initiative im Rahmen der »Konferenz für Sicherheit und Zusammenarbeit in Europa« (KSZE), um die internationale Gemeinschaft auf die Menschenrechtsverletzungen im Kosovo aufmerksam zu machen. Der österreichische Botschafter in Belgrad Wolfgang Petritsch wurde zum EU-Sonderbeauftragten für das Kosovo bestellt. Dem Generalsekretär des Außenministeriums und profunden Balkankenner Botschafter Albert Rohan wurde dann die Funktion des stellvertretenden UNO-Sonderbeauftragten sowie der Vorsitz bei den in Wien abgehaltenen Statusverhandlungen übertragen. Man muss in diesem Zusammenhang neben der Diplomatie auch die Rolle der österreichischen Medien und vor allem den Beitrag des ORF zur Aufklärung erwähnen. Die von mir geleitete Ost- und Südosteuropa-Redaktion und später auch zum Beispiel der mutige Balkankorrespondent Friedrich Orter haben mit vielen Reportagen, Kommentaren und Dokumentationen über die dramatischen Vorgänge auf dem Balkan berichtet.

Man kann ohne Übertreibung die Meinung vertreten (wie Oliver Jens Schmitt in seinem Buch *Die Albaner*, 2012), dass mit der Entstehung des (neben Albanien) zweiten albanischen Staates auf dem Balkan die Albaner noch nie so viel politische Macht besessen haben wie heute. Neben Albanien und dem Kosovo haben die Albaner auch in Mazedonien, wo sie zwischen 25 und 30 Prozent der Bevölkerung ausmachen, einen bestimmenden Einfluss. Darüber hinaus entstanden infolge von Flucht, Vertreibung und Auswanderung große Gemeinschaften von Auslandsalbanern – in Italien (rund 490 000), Griechenland (700 000) und Mitteleuropa (600 000). Ein besonderes Kapitel stellt die Schweiz dar, dort sollen etwa zehn Prozent aller Kosovo-Albaner leben; ohne Albaner könnte die erfolgreiche Fußballmannschaft der Eidgenossenschaft nicht existieren.

Es war eine paradoxe Folge der offenen Grenzen in Jugoslawien und der verstärkten Unterdrückung der national bewussten Studenten, dass die nach Österreich und in die Schweiz emigrierten oder geflüchteten jungen Kosovo-Albaner das entscheidende Element im Freiheitskampf bildeten. Zu den Studenten, die zuerst in Wien und dann in Zürich oder anderen Städten in der Schweiz die finanzielle Unterstützung und auch die Waffenlieferungen für die UÇK organisierten und später in führenden Funktionen selbst an den Kämpfen teilnahmen, gehörten zum Beispiel Hashim Thaçi, der erste Ministerpräsident und derzeitige Präsident des unabhängigen Staates, Ramush Haradinaj, jetzt Ministerpräsident,

Enver Hoxhaj, Vizepremier, und Behgjet Pacolli, Außenminister und zugleich Multimillionär als Gründer und Besitzer eines weltweit tätigen Schweizer Baukonzerns.

Diese Politiker haben sich wie die meisten politisch tätigen oder interessierten Kosovo-Albaner, die in den Jahren der Unterdrückung durch das Milošević-Regime in Österreich oder der Schweiz gelebt haben, in erster Linie durch die Reportagen und Kommentare des ORF über die Lage in ihrer Heimat informiert. Als Leiter der Osteuropa-Redaktion und des »Oststudios« erschien ich damals oft auf dem Bildschirm. So hat mich auch der vielleicht erfolgreichste Kosovo-Politiker, Hashim Thaçi, kennengelernt. Anlässlich der Präsentation der englischen Ausgabe meines Buches über Österreich im österreichischen Generalkonsulat in New York im Herbst 2010 hielt ich mich mit meiner Frau in den Vereinigten Staaten auf. Die Vorstellung fiel zeitlich mit der UNO-Generalversammlung zusammen. Vor dem Abflug der AUA-Maschine am John-F.-Kennedy-Flughafen hatte ich Bundespräsident Heinz Fischer begrüßt und dann mit seinem Pressesprecher Bruno Aigner geplaudert, als ein groß gewachsener Mann, begleitet von zwei Leibwächtern, mich erkannte und mich sehr herzlich auf Englisch ansprach. Es war der Ministerpräsident des Kosovo, Hashim Thaçi, den ich später sowohl in Priština wie auch in Wien mehrmals zu Informationsgesprächen getroffen habe. Auch mit seinem engen Freund, dem sprachbegabten Ex-Außenminister Enver Hoxhaj, war ich gut bekannt. Er hat sogar als erster Gast aus dem Kosovo am ORF-»Europastudio« im September 2013 über die Lage auf dem Balkan teilgenommen.

Man darf die Tatsache nicht verheimlichen, dass das mediale Bild der albanischen Migranten in Westeuropa überwiegend recht negativ ist. Hohe Kriminalitätsrate, Drogen- und Gewaltverbrechen, mangelnde Integrationsfähigkeit prägen die Wahrnehmung der Albaner. Die hohe Arbeitslosenrate von über 30 Prozent, die noch immer drückende Armut auf dem Land, vor allem die bedrückende Lage der jungen Generation bilden den Hintergrund zum Migrationsdruck, der immer wieder Schübe von massivem illegalen Massenandrang in Richtung eines idealisierten Westens anregt, obwohl die Chancenlosigkeit, eine Aufenthaltsgenehmigung in Deutschland oder Österreich zu erhalten, relativ schnell offensichtlich wird.

Angesichts der sehr jungen albanischen Bevölkerung bleibt das Bildungswesen mehr denn je entscheidend für die wirtschaftliche Entwicklung und die Öffnung in Richtung Westen. Ich habe das Interesse der Studenten während meines letzten Besuches im Jahr 2013 bei meinen englischsprachigen Vorträgen an der Universität in Priština und an der neuen Hochschule in Prizren selbst erlebt. Die Beschwerden über Korruption und Vetternwirtschaft bis in höchste Ämter waren allgegenwärtig und verliehen in den letzten Jahren der systemkritischen Partei »Vetëvendosje« (»Selbstbestimmung«) mächtigen Auftrieb. Allerdings bedeutet diese nationalistisch-populistische Bewegung mit ihrem europakritisch und großalbanisch ausgerichteten Programm eine potenzielle Gefahr nicht nur für das Kosovo, sondern auch grenzüberschreitend für den Balkan.

In diesem Zusammenhang geht es auch um das Schicksal des serbisch dominierten Nordens rund um die Stadt Mitrovica (rund zehn Prozent der Gesamtfläche des Kosovo). An der serbischen Vorherrschaft in dieser Region ändern die periodisch aufflammenden Debatten über einen Gebietsaustausch (Verzicht der Albaner auf die Region Mitrovica im Austausch für drei überwiegend von Albanern bewohnte Dörfer um Preševo in Südserbien) bisher überhaupt nichts. Im Gegensatz zu manchen von Balkan-Kenntnissen unbelasteten

EU-Würdenträgern glaube ich, dass in absehbarer Zukunft weder die panalbanischen Nationalisten auf beiden Seiten der Berge noch die mächtige orthodoxe Kirche Serbiens eine solche Abmachung akzeptieren würden.

Albanien unter Enver Hodscha

Trotz der scheinbar parallelen politischen, wirtschaftlichen und sozialen Krisenzeit in den beiden albanischen Staaten wäre es unklug, die aus den Jahrzehnten der kommunistischen Epoche stammenden gewaltigen Unterschiede und ihre Folgewirkungen zu übersehen. Ich bin deshalb ein vertrauenswürdiger Zeitzeuge, weil ich selbst wiederholt erlebt habe, wie stark die Wege der Einparteienherrschaft beiderseits der Berge nicht nur in der Ideologie und der Außenpolitik, sondern vor allem auch im Alltag der Menschen auseinandergingen.

Wie schon erwähnt, konnte ich erst 1983 und 1984, in einer Spätphase des Hodscha-Regimes, zweimal hintereinander das damals von der Welt völlig abgeschiedene Land besuchen. Für den ORF, genauer für unsere Osteuropa-Redaktion, bedeuteten damals Abkommen mit den Rundfunkanstalten der kommunistischen Regime eine Nische, eine Gelegenheit, die protokollarischen Worthülsen als Vorwand und als Schutz für die journalistische Arbeit auszunützen. Deshalb flog im Mai 1983 eine kleine ORF-»Delegation«, bestehend aus dem damaligen Generalsekretär Peter Radel und mir als Chefredakteur der Ostredaktion, nach Albanien. Wir sollten ein Abkommen zwischen den beiden Rundfunkanstalten vorbereiten. Unser wirkliches Ziel war freilich ein ganz anderes. Wir wollten als Folge dieses Abkommens die Möglichkeit erhalten, eine politische Fernsehdokumentation über das »Land der

Skipetaren«, seit vier Jahrzehnten im Würgegriff des unbarmherzigen und unberechenbaren kommunistischen Diktators Enver Hodscha, zu drehen.

Zur Zeit unseres Besuches gab es noch immer keinen Personenverkehr mit der Bahn in die beiden Nachbarländer Griechenland und Jugoslawien, und es war nicht einmal möglich, mit Passagierschiffen nach Albanien zu gelangen. Flugverkehr war nur zwischen Montag und Donnerstag erlaubt. Von Freitag bis Montag konnte man das Land nur auf dem Landweg verlassen.

Das albanisch-österreichische Rundfunkabkommen wurde dann ordnungsgemäß von den beiden Generaldirektoren unterzeichnet, einschließlich eines Absatzes über die vorgesehene Fertigstellung eines Albanien-Films durch ein ORF-Team. Im Juni 1983 fuhr ich dann ein zweites Mal, jetzt mit einem Team, nach Tirana. Während der beiden mehr als vierwöchigen Reisen konnte ich 3300 Kilometer quer durch das Land zurücklegen. Wir hatten drei ständige und unzählige »inoffizielle« Begleiter. Zu Fuß oder auf dem Fahrrad hefteten sich die Beschatter uns Fremden an die Fersen, zum Beispiel in den stockdunklen, verschlungenen Gassen der Altstadt Shkodër rund um die einstige, in eine Sporthalle umgewandelte katholische Kathedrale. Niemals machten sie auch nur den geringsten Versuch, sich zu tarnen. »Heikle« Situationen, wie etwa bei Aufnahmen auf dem alten Markt in Tirana, wurden vom stellvertretenden Direktor des Fernsehens höchstpersönlich kontrolliert, und der Generaldirektor des Fernsehens, Marash Hajati, erteilte uns eine langatmige Lektion, weil wir es gewagt hatten, einen alten Mann auf einem Esel aufzunehmen. Nur weil ich mit unserer sofortigen Abreise drohte, war er schließlich bereit, die weiteren Dreharbeiten ohne die ursprünglich geforderten täglichen Drehvorlagen zu genehmigen.

Wir haben die Folgen des »weltgeschichtlich neuartigen« (so der Albanienexperte Oliver Jens Schmitt) Verbots aller Religionen auf Schritt und Tritt erlebt. Im Jahr 1967 wurde Albanien für ein Vierteljahrhundert zum ersten atheistischen Staat der Welt. In weniger als einem Jahr wurden 2169 Moscheen, Kirchen, Klöster, Kapellen und andere religiöse Gebäude geplündert, geschlossen oder in Kulturzentren und Lagerhallen umgewandelt. Bei den zahlreichen Gesprächen und Interviews mit Wissenschaftlern und Redakteuren, Schriftstellern und Ingenieuren wurde nie ein kritisches Wort über die bizarren Extreme des Personenkults um Enver Hodscha oder über das Religionsverbot gesagt. Selbst Persönlichkeiten wie der berühmte Schriftsteller Ismail Kadare oder Akademiepräsident Aleks Buda, der zwischen 1919 und 1938 in Salzburg und Wien als Mittelschüler und Student aufgewachsen war, hielten sich sklavisch an die politischen Vorgaben. Der Historiker Buda bemühte sich lang und breit, mich zu überzeugen, dass die Bedeutung der Religionen in diesem Land nie groß gewesen sei, er zitierte dazu die bekannte Gedichtzeile des Staatsmanns und Dichters Pashko Vasa aus dem Jahre 1879: »Die Religion des Albaners ist das Albanertum.«

Die Hodscha-Günstlinge wurden mit hohem Ansehen und jährlichen Westreisen entschädigt, in einem Land, aus dem kein Albaner ins Ausland reisen oder einen Privatwagen besitzen durfte. Ismail Kadare, der außerdem Mitglied des Parlaments und Vizepräsident der von Nexhmije Hodscha, der Frau des Diktators, geleiteten »Demokratischen Front« war, durfte sogar jährlich nach Frankreich.

Die fast einstündige ORF-Fernsehdokumentation »Von Skanderbeg zu Enver Hodscha« wurde im August 1984 ausgestrahlt und in der Folge von zehn ausländischen Sendern übernommen. Trotz der engmaschigen Kontrolle war es unserem Kameramann Stephan Mussil gelungen, den Zuschauern nicht nur die Schönheit des Landes, sondern auch die unheimliche Atmosphäre in der letzten Runde im Kampf um die Nachfolge des kranken Enver Hodscha zu vermitteln.

Aus zwei Gründen war ich unterdessen, nach fast allen Ostblockstaaten, auch in Albanien zum journalistischen Staatsfeind geworden: erstens weil ich über den Hodscha-Kult, die Rachsucht des Staatschefs und die manipulative nachträgliche Entfernung des Bildes seines langjährigen Stellvertreters Mehmet Shehu aus einem Bildband berichtet hatte; und zweitens weil ich die unverzeihliche Sünde begangen hatte, mit der Witwe von König Zogu, der ungarischen Gräfin Geraldine Apponyi, und ihrem Sohn, »König Leka«, ein Interview für den Film zu drehen.

Es war ein sonderbarer Zufall, dass mein Buch *Das einsame Albanien. Reportage aus dem Land der Skipetaren* genau an dem Tag in Wien der Öffentlichkeit vorgestellt wurde, als die Nachricht vom Tod Enver Hodschas im Alter von 76 Jahren um die Welt ging. Damals hätte ich nie gedacht, dass meine ORF-Dokumentation zehn Jahre später im albanischen Fernsehen ausgestrahlt werden würde, dass ich Marash Hajati, den einst mächtigen TV-Generaldirektor, der mich damals »für ewige Zeiten auf den Index der unerwünschten Journalisten« gesetzt hatte, bei meinem Besuch in Tirana Ende September 1993 als fleißigen Betreiber eines kleinen Kiosks für allerlei Waren in einer Nebenstraße der Hauptstadt wiedersehen würde, und dass mich Sali Berisha, der erste demokratisch gewählte Präsident des Landes, von Beruf Kardiologe, zu einem informellen Mittagessen einladen würde. Dass ich schließlich für etwa 125 Dollar pro Nacht sogar eine ganze Woche in der Hodscha-Villa, im Appartement seiner für neun Jahre eingekerkerten Witwe Nexhmije, verbringen konnte, verlieh meiner ersten Reise in das freie Albanien sogar einen Hauch absurden Theaters.

Die offene Zukunft Albaniens

Sali Berisha war zwei Jahrzehnte lang die Galionsfigur des neuen Albanien, der Korruptionsaffären, Volksaufstände und Wahlschlappen mühelos überlebte und während dieser Zeit als Ministerpräsident sein Land (im April 2009) in die NATO führte. Man darf in diesem Zusammenhang anmerken, dass die wahrscheinlich kritischste Periode in der postkommunistischen Geschichte, als das kleine Land an den Rand eines Bürgerkriegs geriet, dank der Vermittlungsbemühungen des früheren österreichischen Bundeskanzlers Franz Vranitzky überwunden werden konnte. Als Repräsentant der OSZE trug er maßgeblich zur Stabilisierung der Lage bei, nachdem Hunderttausende Bürger infolge des Zusammenbruchs von Pyramiden-Sparsystemen ihre Ersparnisse verloren hatten. Nur die zeitweilige und von einem UNO-Mandat legalisierte Anwesenheit von 7000 Soldaten aus Österreich und sechs anderen Ländern schuf die Vorbedingungen für die Abhaltung einer Parlamentswahl. Dem österreichischen Vermittler gelang es auch, eine große Geberkonferenz in Brüssel im Herbst 1997 anzuregen, bei der internationale Finanzinstitutionen und die EU ein Unterstützungspaket für Albanien im Ausmaß von 1,7 Milliarden US-Dollar schnürten.

Der internationale Einsatz sei zu früh beendet worden, meint Franz Vranitzky in seinen Erinnerungen, und man kann seinem auch heute gültigen Plädoyer für das »Ende des alteuropäischen Hochmuts gegen die ›Skipetaren‹« vorbehaltlos zustimmen. Nachdem die EU grünes Licht für die Aufnahme von Beitrittsverhandlungen gegeben hat, hängen die konkreten Fortschritte in erster Linie von der albanischen Reformbereitschaft bezüglich Rechtsstaatlichkeit und Korruptionsbekämpfung ab. Die überragende politische Figur ist nach den Niederlagen von Berisha und seiner Partei der frühere Bürgermeister von Tirana, der langjährige sozialistische Minister-präsident Edi Rama. Ich habe den erfolgreichen Politiker, der auch als Maler international geschätzt wird, mehrmals in Wien bei diversen Anlässen gehört. Mein Eindruck, dass für ihn die möglichst enge Verbindung mit dem Kosovo absolu-ten Vorrang genießt, wurde mit seiner Rede am 18. Februar 2018, gehalten im kosovarischen Parlament zum zehnten Jah-restag der Unabhängigkeitserklärung des Kosovo, vollauf be-stätigt. Rama schlug vor, einen gemeinsamen Präsidenten für beide Staaten zu wählen und sich weltweit mehrere diplo-matische Vertretungen zu teilen. Ein gemeinsames Staatsober-haupt könnte ein Symbol der nationalen Einheit sein.

Es war nicht das erste Mal, dass Rama über die Zukunft der beiden albanischen Staaten laut und scheinbar spontan nachdachte. Angesichts der potenziellen Gefährlichkeit groß-albanischer Träume, die nicht nur in Tirana im Schwange sind, muss man die konkreten, symbolträchtigen Projekte auch bei den geplanten Verhandlungen mit der EU sorgfältig prüfen.

Die Demonstrationen der Studenten gegen die Rama-Re-gierung im Frühjahr 2019 in Tirana und der Boykott des Parla-ments durch die Opposition zeigten, wie brüchig die demokra-tischen Strukturen noch sind. Unabhängig von der Einstellung der jeweiligen Führungspersönlichkeiten in Priština und Tirana zur Religion bleiben die Albaner das größte mehrheitlich muslimische Volk in Europa. Vor diesem Hintergrund gewin-nen die Aktivitäten der Türkei und der finanzstarken isla-mistischen Gruppen aus dem Nahen Osten an Bedeutung. Das Kosovo und Albanien mögen für absehbare Zukunft die Armenhäuser Europas bleiben. Doch die Umwälzungen des 20. Jahrhunderts zeigen, dass die »albanische Frage« und die damit verbundenen nationalen und politischen Debatten den gesamten Balkan und darüber hinaus die europäischen Kräfte-verhältnisse direkt und indirekt beeinflussen können.

Kiro Gligorov,
der Retter Mazedoniens

Es gab mehrere Gründe dafür, dass ich mich mit den Balkanländern, und vor allem mit Jugoslawien, so lange und so intensiv beschäftigt habe. Mein Interesse an Jugoslawien hing mit dem internationalen Prestige des »siegreichen Ketzers« (Ernst Halperin) Josip Broz Tito gegen die sowjetische Vorherrschaft zusammen. Das durch Tito verkörperte Regime bot ein scheinbar erfolgreiches Beispiel dafür, dass man einen eigenen sozialistischen Weg einschlagen kann, ohne ein Satellit der Sowjetunion zu sein. Das Experiment der titoistischen Selbstverwaltung faszinierte eine ganze Generation in Osteuropa, und es wurde aus handfesten sicherheitspolitischen Gründen auch von den westlichen Mächten, besonders von den Vereinigten Staaten, unterstützt. Nichts hätte die Anziehungskraft des blockfreien, unabhängigen Jugoslawien besser illustrieren können als die Tatsache, dass nach der Niederschlagung des Ungarn-Aufstands 1956 Tausende Ungarn Zuflucht im südlichen Balkanland gesucht und gefunden haben.

Dass ich meine allererste Auslandsreportage über Jugoslawien verfasst habe, hing mit dem Interesse an diesem Vielvölkerstaat und mit der Überzeugung zusammen, dass ich mich dort auch als Journalist mit einem österreichischen Reisepass in der Tasche frei und ungefährdet bewegen könnte. Meine Reisen fielen zeitlich mit dem gestiegenen Interesse auch des Westens an der von Tito, dem indischen Ministerpräsidenten

Nehru und dem ägyptischen Präsidenten Nasser lancierten blockfreien Bewegung zusammen. Die zeitweiligen Spannungen in den Beziehungen zwischen Moskau und Belgrad lieferten auch immer wieder Stoff für die Medien. Darüber hinaus weckten die Diskussionen über die titoistischen Experimente mit dem System der Arbeiterselbstverwaltung und über die Vorbereitung von neuen Wirtschaftsreformen in den 1960er-Jahren auch das Interesse sozialdemokratischer und linksliberaler Politiker und Intellektueller.

All das erleichterte meine Bemühungen, bei den Redaktionen in Wien, Zürich und London »Abnehmer« für Jugoslawien-Geschichten zu finden. Ich muss auch gestehen, dass ich selber auf meinen ersten Jugoslawienreisen von den interessanten Menschen, der Dynamik der politischen und wirtschaftlichen Experimente und von der prachtvollen Landschaft fasziniert war. Die immer wieder festgestellten scharfen Kontraste zwischen der relativen Offenheit der jugoslawischen Gesprächspartner und der linientreuen Zurückhaltung der offiziellen Kontaktpersonen in den Ostblockländern trugen zweifellos auch dazu bei, dass in den ersten Jahren meiner Berichterstattung von einer distanziert-kritischen Haltung keine Rede sein konnte. Natürlich gab es zunächst Sprachschwierigkeiten. Anfänglich half mir bei der Berichterstattung die Tatsache, dass ich die damals noch existierende ungarischsprachige jugoslawische Tageszeitung sowie die ausgezeichneten täglichen Pressebulletins der britischen und amerikanischen Botschaften nutzen konnte. Es war aber auch immer möglich, auf Englisch – mit oder ohne Dolmetscher – tief gehende Gespräche zu führen. Später konnte ich bereits die wichtigsten serbokroatischen Zeitungen und Wochenblätter im Original lesen.

Schon nach meinem ersten Besuch im Frühjahr 1961 habe ich unter einem meiner drei Pseudonyme, »Paul Landy« (die anderen zwei waren »György Holló« und »Árpád Bécs«), lange Berichte für die sozialdemokratische Wochenzeitung *Heute* in Wien (später wegen »liberaler« Abweichung eingestellt) und für den Londoner *Daily Telegraph* geschrieben. Es war ein Glücksfall, dass ich bereits bei diesem Besuch in Belgrad einen sympathischen und umgänglichen Gesprächspartner getroffen habe, der in den nächsten Jahrzehnten in Jugoslawien und vor allem im unabhängigen Mazedonien eine wahrhaft historische Rolle spielen sollte. Er hieß Kiro Gligorov (1917–2012), und seine wechselvolle Karriere spiegelt die Wendungen der turbulenten Geschichte des Balkans wider.

In der mazedonischen Kleinstadt Štip geboren, absolvierte Gligorov die Rechtsfakultät an der Belgrader Universität und war während der Besatzung seiner Heimat bulgarischer Staatsbürger. Er schloss sich bereits 1941 den kommunistischen Partisanen in Mazedonien an und war 1944 einer der Gründer des »Antifaschistischen Rates der Volksbefreiung Mazedoniens«. Gligorov gab selber zu, dass er besser Serbisch sprach als Mazedonisch, und beherrschte natürlich auch die eng verwandte bulgarische Sprache.

1961, zum Zeitpunkt meines Besuches, war er nur einer der Staatssekretäre im jugoslawischen Wirtschaftsministerium. Durch seine Offenheit und Bescheidenheit hat er mich sofort und von allen Gesprächspartnern am stärksten beeindruckt. Unter anderem betonte er schon damals: »Den Markt zu leugnen, wäre ebenso sinnlos, wie den Plan zu leugnen. Wir verwenden jede Methode, die uns brauchbar erscheint, aber wir werden dem Sozialismus nicht abschwören.« Selbstsicher fügte er am Ende unseres Gesprächs noch einmal hinzu: »Wir haben keinerlei dogmatische Vorurteile …«

Unser Verhältnis wurde zwei Jahre später durch ein tragisches Ereignis in eine engere Beziehung verwandelt. An einem heißen Sommertag, am 26. Juli 1963 um 5.17 Uhr morgens, wurde Skopje, die Hauptstadt Mazedoniens, durch ein gewaltiges Erdbeben fast gänzlich zerstört – aus der malerischen Hauptstadt, die ich ein Jahr zuvor besucht und wo ich über den geplanten Bau eines großen Stahlwerks berichtet hatte, wurde eine Ruinenlandschaft. Rund 200 000 Menschen waren obdachlos, 1070 Menschen starben und mehrere Tausend wurden verwundet. Sofort habe ich die Reiseroute einer geplanten Jugoslawienreise geändert und vor allem wieder Skopje besucht. Dort traf ich in einem Zelt Kiro Gligorov, der als gebürtiger Mazedonier in seiner Heimat die Rettungsarbeiten und den Wiederaufbau leitete. Ich war einer der ersten westlichen Journalisten, die an Ort und Stelle über die Folgen des Erdbebens berichteten. Ich glaube, dass auch er unser Treffen mitten im improvisierten Zeltlager trotz seines späteren Aufstiegs an die Parteispitze nicht vergessen hat – er hat mich jedenfalls immer empfangen.

Das große Experiment

In den 1960er- und 1970er-Jahren habe ich den Wiederaufbau der zerstörten Hauptstadt und die Entwicklung Mazedoniens ebenso verfolgt wie das innenpolitische Kräftemessen um das Tempo der Reform und um die Verteilung der Bundesmittel zwischen und innerhalb der sechs jugoslawischen Teilrepubliken (Slowenien, Kroatien, Bosnien und Herzegowina, Serbien, Montenegro und Mazedonien) und der zwei autonomen Provinzen Kosovo und Vojvodina. Die Unterschiede zwischen den Ostblockländern und Jugoslawien wurden nicht nur in der Außenpolitik, sondern auch in der Innen- und Wirtschaftspolitik und vor allem – trotz des Machtmonopols der Kommunisten – hinsichtlich des individuellen Freiheitsraums immer ausgeprägter. Als einzige unter den Osteuropäern konnten die Jugoslawen nach Belieben in den Westen reisen, Beschäftigung finden und sich dauernd im Ausland niederlassen, konnten Dollars auf Privatkonten besitzen, ausländische Zeitungen an den Kiosken kaufen und im Lauf der Jahre immer offenere Debatten im Fernsehen verfolgen. Im Rückblick, nach dem blutigen Drama des Zerfalls Jugoslawiens, ist es schwer zu glauben, dass dieses Land in der kommunistischen Welt, und nicht nur dort, einmal als Symbol mutiger Experimentierlust galt.

Auch die in erster Linie (aber keineswegs ausschließlich) vom großserbischen Hegemoniestreben provozierten blutigen Jugoslawienkriege und ihre bis heute nicht aufgearbeiteten politischen und wirtschaftlichen, sozialen und psychologischen Folgen dürfen nicht zu einer heute leider gängigen totalen Schwarzmalerei der Geschichte des 20. Jahrhunderts führen. Was George Kennan, der ehemalige amerikanische Botschafter in Belgrad und große Zeithistoriker, vor einem halben Jahrhundert nach den Umwälzungen in Ungarn und Polen sagte, gilt auch noch im Rückblick: Die Tatsache, dass Tito nach seinem Zerwürfnis mit Stalin weder auf die westliche Seite übergewechselt sei noch einen »kapitalistischen« Kurs eingeschlagen habe, was ihm damals viele Amerikaner nicht verzeihen konnten, habe mehr als alles andere die Einheit des kommunistischen Blockes zerstört.

Bei der Öffnung und Auflockerung dieses eigenartigen Systems hat Kiro Gligorov eine wichtige Rolle gespielt. Der Sturz des Serben Aleksandar Ranković, des zweiten Mannes nach Marschall Tito, im Juli 1966, der den Polizeiapparat kontrollierte, verlieh den Reformkräften einen neuen, wenn auch nur vorübergehenden Auftrieb. Kiro Gligorov stieg in wenigen Jahren zum Finanzminister und danach zum stellvertretenden Ministerpräsidenten in der jugoslawischen Bundesregierung auf. Die Dynamik der 1965 lancierten großen Wirtschafts- und Verwaltungsreformen verschärfte den Widerspruch zur

Herrschaftsform der Parteidiktatur und der von dieser ins Leben gerufenen Staats- und Wirtschaftsordnung immer mehr. Der ebenso scharfsinnige wie zynische Spitzendiplomat und ehemalige Generalsekretär des Präsidialamtes, Leo Mates, sagte zu mir einmal mit ironischem Lächeln: »Viele Politiker können oder wollen nicht begreifen, dass ›die Reform‹ nicht ein Sturm ist, der sich später legen wird, sondern eine Fahrt aufs offene Meer, wo es keine Ruhe mehr gibt.«

Gligorov war einer der Architekten dieses großen Experiments. Bereits im April 1967 machte er in einem privaten Gespräch mit mir keinen Hehl aus seiner Sorge, dass die schwierigste Phase noch bevorstehe. Seine Popularität war auch eine Folge seiner mutigen Offenheit. Einen Tag nach unserer Begegnung diskutierte er als für die Wirtschaftsumstellung zuständiger Vizepremier im Fernsehen vor Millionen von Zuschauern ohne einen Hauch von falschem Optimismus, nüchtern und sachlich über die kritische Lage auf dem Arbeitsmarkt. »Wir sollten uns von der Illusion der Vollbeschäftigung befreien«, erklärte Gligorov offen, und später fügte er noch hinzu, »das ist ein Problem für Jahrzehnte«.

In den folgenden Jahren wurde der reformfreudige Mazedonier sogar zum Mitglied des höchsten Führungsorgans des Bundes der Kommunisten Jugoslawiens bestellt. Ich habe ihn auf meinen Jugoslawienreisen oft getroffen. Das Auf und Ab in seiner Karriere war auch ein Spiegelbild der stürmischen Entwicklung vor und nach Titos Tod. Die herrschende Partei wurde selbst zur Trägerin der wirtschaftlichen und regionalen Gegensätze zwischen Unternehmen und Staatsapparat sowie des Ringens zwischen den republikanischen Führungsgarnituren.

Gligorov, der auch schon früher von den dogmatischen alten Kämpfern in Skopje und Belgrad zurückgesetzt wurde, verlor im Jahr 1978 alle seine Ämter. Nach dem Tod des bis zuletzt autoritär entscheidenden greisen Staats- und Partei-chefs Tito und dem Ausbruch der Finanzkrise (die jugoslawi-sche Auslandsschuld vervierfachte sich zwischen 1975 und 1981 auf 19,2 Milliarden Dollar) gewannen jene Funktionäre wieder Aufwind, die die Notwendigkeit einer Liberalisierung und Privatisierung früh eingesehen hatten. Auch Gligorov kehrte auf die politische Bühne zurück, ich habe ihn am Rande des 12. Parteikongresses, dem ersten nach Titos Tod, in Bel-grad getroffen. Im Gegensatz zu ihm waren aber die maßgeb-lichen Parteifunktionäre nicht bereit, grünes Licht für liberale Reformen zu geben, und beschränkten sich auf technische Maßnahmen und auf die Suche nach neuen Auslandskrediten.

Der kurvenreiche Weg vom Versagen der nach dem Tod Titos an die Macht gelangten Führungsgarnitur bis zum bluti-gen Zerfall Jugoslawiens kann aus Platzgründen hier nicht beschrieben und analysiert werden. Fest steht, dass Gligorov, vor allem seit seiner Wahl durch das Parlament im Januar 1991 zum Präsidenten des damals noch als jugoslawische Teilrepu-blik geltenden Mazedonien, das im September bei einem Re-ferendum seine Unabhängigkeit deklarierte, entscheidende Weichen für die Zukunft Mazedoniens gestellt hat. Gligorov hat nie geleugnet, dass er, wohl wegen seiner Lebenserfah-rungen und trotz seines Bekenntnisses zur mazedonischen Nation, bis zuletzt den Vielvölkerstaat zu retten versuchte. Be-reits Präsident Mazedoniens, legte er im Sommer 1991 zusam-men mit dem Präsidenten Bosniens und Herzegowinas, Alija Izetbegović, einen Plan zur Neuordnung der jugoslawischen Konföderation vor. Es war eine Totgeburt, wie er selber einige Jahre später sagte, weil der Plan den Serben zu wenig bot, den Slowenen und Kroaten aber zu weit ging. Man muss die Tat-sache besonders hervorheben, dass es vor allem Gligorov zu verdanken war, dass Mazedonien als einzige jugoslawische Teilrepublik nicht unmittelbar in die Kriege der 1990er-Jahre verwickelt wurde. Als Präsident erreichte er nach geschickten Verhandlungen mit der serbischen Armeeführung den Rückzug der Truppen vom Territorium des neuen Staates.

Die mazedonische Frage

Um die große Bedeutung der Rolle Gligorovs als bei den ersten demokratischen Wahlen wiedergewählten Präsidenten zu begreifen, muss man einen Blick auf die Geschichte des Balkans werfen. Die Dreiteilung des strategisch wichtigen Mazedonien in den Balkankriegen 1912/13 zwischen Serbien, Griechenland und Bulgarien führte zu keiner dauerhaften Befriedung. Die »mazedonische Frage« blieb in zwei Weltkriegen ein Zankapfel, oft ein Pulverfass zwischen den drei Nachbarn. Dazu kamen später noch die Begehrlichkeiten der albanischen Nationalbewegung nach Teilen des Gebietes, zumal ein Viertel der rund zwei Millionen Bewohner Albaner sind. In der Zwischenkriegszeit waren auf dem Balkan die Serbisierungs- und Bulgarisierungsbestrebungen die Haupttendenzen. Nach dem Zusammenbruch Jugoslawiens verschärfte die Entstehung des zum ersten Mal unabhängigen mazedonischen Staates vor allem die Spannungen mit Griechenland. Acht Jahre lang versuchte Gligorov mit Umsicht und kluger Mäßigung, die immer wieder aufflammenden, von nationalen Leidenschaften geprägten Konflikte mit den schwierigen Nachbarn zu entschärfen. Er bemühte sich stets um Verständigung mit Griechenland, Bulgarien und der albanischen Minderheit, auch nachdem er durch einen bis heute ungeklärten Mordanschlag im Jahr 1995 schwer verwundet wurde. Es ist nicht zuletzt seinem international anerkannten Beitrag zur innenpolitischen Stabilisierung zu verdanken, dass die Vereinten Nationen den neuen Staat 1993 unter der provisorischen Bezeichnung »Former Yugoslav Republic of Macedonia« (FYROM) als Mitglied aufgenommen haben. Der Beitritt zur NATO und der Weg zu Verhandlungen mit der Europäischen Union scheiterten aber am Veto Griechenlands, das 1994/95 sogar eine Handelsblockade gegen den kleinen Nachbarn verhängte.

Stein des Anstoßes war vor allem der Staatsname »Republik Mazedonien«, der nach griechischer Auffassung einen mazedonischen Anspruch auf die gleichnamige griechische Provinz erkennen ließ. 27 Jahre lang haben alle griechischen Regierungen die West-Integration der »Republik Mazedonien« blockiert. Die Bürger mussten also in einem Staat mit dem künstlichen Namen FYROM leben. Die durch und durch korrupte mazedonische Regierungspartei VMRO hat später mit einer größenwahnsinnigen Gegenoffensive im Zeichen Alexanders des Großen unter Berufung auf die vorgeblich glanzvolle antike Vergangenheit geantwortet. Der Regierungswechsel in Skopje im Jahr 2017, der Sturz des VMRO-Ministerpräsidenten Nikola Gruevski nach elf Jahren der zügellosen Bereicherung und die höchst aktiven Vermittlungsbemühungen der EU und der Vereinten Nationen öffneten jedoch schließlich den Weg zur Verständigung der beiden linken, antinationalistischen Regierungschefs Zoran Zaev in Skopje und Alexis Tsipras in Athen im Juni 2018 auf den Namen »Republik Nord-Mazedonien«.

Dieser Umbenennung haben schließlich, nach innenpolitischen Turbulenzen in beiden Staaten, das griechische und das mazedonische Parlament zugestimmt und damit einen vorläufigen Schlusspunkt unter einen jahrzehntelangen Namensstreit gesetzt. Obwohl rechtskräftig zu einer Gefängnisstrafe von zwei Jahren verurteilt, gelang Gruevski vor Haftantritt im November 2018 die Flucht nach Ungarn, wo ihm sein Freund Viktor Orbán sofort politisches Asyl gewährte. Trotz der Intrigen Gruevskis und der leidenschaftlichen Proteste der radikalen Nationalisten in beiden Ländern, gefördert durch die aktive Unterstützung Russlands, bedeutet der Friedensschluss zwischen Skopje und Athen zweifellos eine Stabilisierung der Lage in diesem Wetterwinkel Europas.

Die künftige Stabilität Mazedoniens hängt freilich auch davon ab, ob die Rechte der Albaner respektiert werden. Die Kosovo-Krise und die relativ reibungslose Bewältigung der Herausforderung durch die Ankunft von über 300 000 geflüchteten oder vertriebenen Kosovo-Albanern 1999 schienen eine Feuertaufe für den neuen Staat und seinen inneren Zusammenhalt darzustellen. Die Unruhen vom Frühjahr 2001 um Tetovo und andere Grenzgebiete und die Kämpfe mit albanischen Aufständischen zeigten mit aller wünschenswerten Deutlichkeit, dass die Albaner auch in Mazedonien nicht gewillt sind, Staatsbürger zweiter Klasse zu bleiben. Gligorov hatte in seinen zwei Amtsperioden immer (aber letztlich erfolglos) danach gestrebt, dass der neue Staat nicht ausschließlich als mazedonischer Nationalstaat, sondern als »Staat seiner Bürger« in der neuen Verfassung verankert werden sollte.

Die friedliche Entstehung des kleinen Staates war ein seltener Glücksfall in der turbulenten Geschichte des mazedonischen Siedlungsgebiets. Rückblickend auf sein langes Leben sagte Gligorov einmal: »Schon mein Urgroßvater, geboren um 1830, hat mir beigebracht: ›Bub, merk dir, wir sind keine Serben, Bulgaren oder Griechen; wir sind Mazedonier.‹ Im Lauf der Jahrzehnte gewann auch ich die feste Überzeugung, dass sich die Mazedonier in ihrem eigenen Staat zu ihrer nationalen Eigenart bekennen.« Diese Erkenntnis hat sich seit dem Partisanenkrieg, als die Bulgaren auf der Seite Hitler-Deutschlands standen, verfestigt. Die Anerkennung des Status einer nationalen Republik, mit einer eigenen Schriftsprache und (seit 1967) sogar mit einer eigenen orthodoxen Kirche innerhalb der jugoslawischen Föderation, bildete den Ausgangspunkt für das heutige Mazedonien.

In diesem Prozess der Nationsbildung und der Gewährleistung der Sicherheit des unabhängigen Staates angesichts potenziell feindlicher Nachbarn auf allen Seiten hat Kiro Gligorov die wahrhaft historische Rolle des Retters und Architekten gespielt.

Sein Beitrag, auch zur Stabilität des Balkans, wird in seiner ganzen Tragweite erst heute von allen Seiten anerkannt.

Zwischen Palast und Gefängnis: Von Tito zu Sanader

Die meisten Kroaten haben sich bis 1990, vor Geburt der unabhängigen, demokratischen Republik, als Verlierer der Geschichte betrachtet. Rund 800 Jahre lang waren ihre Kernsiedlungsgebiete unter ungarischer Herrschaft. Selbst der im November 1868 beschlossene, staatsrechtliche ungarisch-kroatische Ausgleich erwies sich als eine für die Kroaten unbefriedigende Lösung, weil die Kroaten von Budapest im Grunde die gleichen Rechte erhalten wollten, die den Ungarn von Wien zugesprochen wurden. Sie mussten aber auf den erhofften Status einer unabhängigen politischen Einheit innerhalb der Monarchie verzichten. Trotz der doch sehr weitgehenden innenpolitischen Autonomie wurde das Verhältnis zwischen Budapest und Zagreb durch die Missgriffe einer immer intoleranter auftretenden ungarischen Regierungspolitik, vor allem durch die Magyarisierungsmaßnahmen, zunehmend belastet.

Nach dem Zerfall der Doppelmonarchie, nach der unverhüllten serbischen Hegemonie zwischen 1920 und 1941 und nach der Zerstörung des Ersten Jugoslawien durch den Angriff des Dritten Reiches, gefolgt von der Schaffung eines mörderischen faschistischen Ustascha-Staates, verblassten die Erinnerungen an die Zeit der ungarischen Herrschaft und deren politische Relevanz fast völlig. Für geschichtsbewusste politische Beobachter war die häufige Berufung der national gesinnten kroatischen Kommunisten auf die ungarischerseits gewährten Autonomierechte 100 Jahre zuvor aufschlussreich und sogar amüsant, etwa als die Studenten darauf hinwiesen, dass in der Monarchie eigene kroatische Regimente von kroatischen Offizieren in kroatischer Sprache kommandiert wurden.

Ein Held zweier Nationen

Bereits auf einer meiner ersten Reisen nach Zagreb – das war noch Anfang der 1960er-Jahre – geriet der leidenschaftliche Applaus des Publikums nach einer Aufführung der kroatischen Nationaloper Nikola Šubić Zrinski zur unüberhör- und unübersehbaren Demonstration gegen die schleichende »Serbisierung« in Theater, Rundfunk, Universität und Wirtschaft. »Was in aller Welt«, so fragte ich mich und später auch den Germanistikprofessor Zdenko Škreb, »hat ein ungarischer Nationalheld im Widerstreit von großserbischem Hegemoniestreben und kroatischem Nationalbewusstsein zu suchen?« Der Gelehrte war über meine Ignoranz eher erheitert als empört. Mit viel Geduld und anhand konkreter Beispiele erläuterte er mir die auf parallelen Gleisen verlaufenden, gegensätzlichen Tendenzen des sogenannten »Jugoslawismus« der Serben und des nationalen Selbstbehauptungswillens der Kroaten.

Miklós Zrínyi, der die kleine Festung Szigetvár in Südwestungarn 1556 heldenhaft verteidigt hatte und bei einem Ausbruchsversuch gegen die türkische Übermacht fiel, war für mich wie für Generationen ungarischer Schulkinder ein waschechter ungarischer Patriot. Auch unzählige Geschichtsbücher haben die beiden Zrínyis, den Helden aus dem Jahr 1556 und dessen Urgroßenkel und großen Dichter gleichen Namens, als ungarische Freiheitskämpfer dargestellt. Wer wusste in Ungarn schon, dass ebenso viele Generationen kroatischer Schulkinder die beiden Zrinskis als die vielleicht größten Helden der kroatischen Geschichte kennengelernt hatten?

Tatsächlich waren alle Vorfahren der beiden Zrinskis / Zrínyis Kroaten. Andererseits gehörte Kroatien damals schon seit 400 Jahren zu Ungarn und der Held von Szigetvár als Angehöriger des Hochadels auch zur Natio Hungarica, zur politischen Nation Ungarns, die allerdings keine ethnische, sondern eine juristisch-politische Kategorie war. Er starb als kroatischer Adliger im Kampf gegen die Türken für Ungarn. Sein Urgroßenkel Graf Miklós Zrínyi (1620–1664), von Geburt auch Kroate, bekannte sich (im Gegensatz zu seinem Bruder Péter, der dessen große Gedichte ins Kroatische übersetzte) zum Ungartum. So habe einer der größten Helden der ungarischen Geschichte bewiesen, dass die Nationalität Folge einer Haltung, eines Willens sei, betonte Antal Szerb, der herausragende Literaturhistoriker. Er selber fiel dem Holocaust zum Opfer ...

Die Kontroversen über die nationale Klassifizierung dieses schillernden Soldaten und Dichters, Staatsmanns und Denkers, der übrigens außer Ungarisch und Kroatisch auch Deutsch und Italienisch, Lateinisch und Französisch fließend sprach, gehören schon längst der Vergangenheit an. Er gilt als Held zweier Nationen. Ich habe mich in meinem Werk *Die Ungarn* mit den verschlungenen Wegen der dramatischen Geschichte der Familie Zrinski / Zrínyi ausführlich beschäftigt. Hier wollte ich nur daran erinnern, wie die bereits 1876 zum ersten Mal aufgeführte kroatische Nationaloper für mich, den ignoranten jungen Auslandskorrespondenten, sozusagen zum Türöffner wurde, um den »Schleier der Begriffe« (Norbert Elias) über das Zweite Jugoslawien zu durchbrechen.

Vorrang der Nationen

Vor allem in Kroatien begriff ich die von so vielen so lange verdrängte Tatsache, dass Jugoslawien bereits Jahrzehnte vor der blutigen Tragödie der 1990er-Jahre ein »Jugoslawien ohne Jugoslawen« gewesen war, das heißt ohne Menschen, die bereit waren, sich zum »Jugoslawentum« und nicht zu einer Volksgruppe oder Nationalität zu bekennen. Laut einer noch vor den Jugoslawienkriegen und den ethnischen Säuberungen durchgeführten Volkszählung (1981) bezeichneten sich nur 1,2 Millionen Personen (bei einer damaligen Gesamtbevölkerung von 22,4 Millionen) als Jugoslawen. Wer waren diese Menschen, diese »Jugoslawen«? Sie waren in erster Linie Partner oder Kinder aus einer sogenannten »Mischehe«, also etwa aus Ehen zwischen Kroaten und Serben oder Slowenen und Mazedoniern (Ehen mit Albanerinnen oder Albanern waren immer sehr selten); ferner Angehörige der jugoslawischen Volksarmee, vor allem natürlich Offiziere und Unteroffiziere, Beamte und Diplomaten.

Vergleiche mit der Situation und der serbisch-kroatischen Frontstellung im Ersten, im Vorkriegs-Jugoslawien waren stets irreführend. Es stimmte zwar, dass das 1918 aus den Trümmern der Habsburgermonarchie entstandene »Königreich von Serben, Kroaten und Slowenen« in Wirklichkeit ein von Serbien regierter und beherrschter Staat, ein »Groß-Serbien«, war. Dass letzten Endes die Kroaten diesen von Serben dominierten, zentralistischen Staat mehr gehasst haben als die deutschen und italienischen Angreifer im April 1941, war die Folge dieses erzwungenen und erniedrigenden Zuzammenlebens ohne Rechte und ohne Gleichberechtigung. Der schnelle militärische Zusammenbruch des Königreichs Jugoslawien war unvermeidlich, doch kam zum Schaden auch noch der Spott, weil die kroatischen Einheiten in vielen Fällen ihre Stellungen verließen, ohne dass ein einziger Schuss gefallen war, kapitulierten oder einfach nach Hause gingen. Beim Marsch auf Zagreb machten zum Beispiel die Deutschen innerhalb weniger Stunden 15 000 Gefangene, darunter waren 22 Generäle. Während des Zweiten Weltkriegs trug die Schaffung eines sogenannten kroatischen Nationalstaates unter der Schirmherrschaft der deutschen und italienischen Besatzer zum anhaltenden Misstrauen der Serben bei, und auch die Erinnerung an Hunderttausende Serben und Juden, die während dieser Zeit ermordet wurden, ist ein politisches Faktum geblieben. Letzten Endes darf man nicht übersehen, dass während des Krieges mehr Menschen an nationalem Hader gestorben sind als in Kampfhandlungen gegen die ausländischen Besatzer.

Im krassen Gegensatz zum Jahr 1941 wollte in den 1970er- oder 1980er-Jahren niemand im Ausland offen den Zerfall Jugoslawiens. Damals erzählte Parteisekretär Stane Dolanc (ein Slowene) in einem Fernsehinterview, was er in einem Gespräch mit einem hochgestellten westlichen Besucher gesagt hatte: »Wenn jemand uns angreifen oder unsere Unabhängigkeit bedrohen sollte, dann würden wir keine Zwistigkeiten untereinander haben, sondern geschlossen dem Angriff von außen standhalten.« Der Gesprächspartner hörte zu und sagte sehr höflich, er habe nur eine Frage: »Und was wird geschehen, wenn niemand Jugoslawien angreift?« Genau das passierte, und die inneren Kräfte der Zerstörung konnten trotzdem nicht gebändigt werden.

Worin lagen die eingebauten Widersprüche, die mit geradezu explosiver Kraft die Fundamente des während des Zweiten Weltkriegs gegründeten Zweiten Jugoslawien vor den Augen der Welt zerstörten? Vor allem darin, dass das Zweite Jugoslawien bewusst als eine Föderation von sechs Republiken und zwei zu Serbien gehörenden autonomen Provinzen geschaffen wurde, mit der ausdrücklichen Möglichkeit der

Sezession, also der Abspaltung konstitutioneller Teile dieser Föderation. Zugleich bildete die uneingeschränkte Herrschaft der zentralistischen und von Belgrad aus geführten kommunistischen Partei die Grundlage dieses Systems. Die Staatspartei diente als einigende Klammer, vor allem in der Person des charismatischen Führers und siegreichen Ketzers gegen Stalin, Josip Broz Tito. Die eher als Formalität gedachte föderative Struktur der Partei entpuppte sich später aber als die wichtigste zentrifugale Kraft: zum einen aufgrund der Dynamik der Arbeiterselbstverwaltung, zum anderen wegen der verschärften regionalen und wirtschaftlichen Gegensätze aufgrund der administrativen Dezentralisierung. Hinzu kamen das Wiederaufleben des »alten« Nationalismus und eine generationsbedingte Wachablöse in führenden Positionen. Der Bund der Kommunisten Jugoslawiens wurde bereits zu Lebzeiten Titos zum wichtigsten Träger der aus traditionellen und neuen Quellen gespeisten Kräfte der nationalen Eigenständigkeit. Obwohl die neue Verfassung von 1974 die dominierende Stellung Marschall Titos als Präsident der Partei und des Staates »ohne Begrenzung der Funktionsperiode«, also auf Lebenszeit, bestätigt hatte, spürte man auch nach den von Tito befohlenen und durchgesetzten Säuberungen der national gesinnten Spitzenfunktionäre in allen Republiken und Provinzen die Gärung, vor allem in Kroatien.

Zugleich blieben die Kroaten wegen ihrer Haltung im Zweiten Weltkrieg eine »Nation auf Bewährung«. Das historische Erbe des Krieges und des gleichzeitigen Bürgerkriegs durfte nicht wissenschaftlich aufgearbeitet werden. Aber auch in Serbien und in Montenegro hatte es Kollaboration gegeben, es gab keine »schuldige« und keine »heldenhafte« Nation. Fest steht, dass nach der kommunistischen Machtübernahme die in Kroatien lebende serbische Minderheit (11,6 Prozent) eine überproportional wichtige politische Rolle spielte. Fast ein

Drittel der Parteimitglieder und zwei Drittel der Polizeiange-
hörigen waren Serben. Allerdings zeigen Beispiele wie Titos
unbarmherzige Abrechnung mit Milovan Đilas, dem größten
und mutigsten Dissidenten der kommunistischen Geschichte
(1952), die Säuberung seines serbischen Kronprinzen Aleksandar
Ranković (1966) und die Entfernung der national gesinnten re-
formistischen Spitzenführungen in allen Republiken, dass ein
schwindelerregender Aufstieg und ein ebenso schneller Sturz
bis zuletzt von der augenblicklichen Gunst Titos und nicht
notwendigerweise von echtem Machtzuwachs abhingen.

Das politisch bis heute wirksamste Paradoxon der kroatischen, aber auch der jugoslawischen Geschichte ist die Tatsache,
dass in der Person Titos ein Kroate (mit einer slowenischen
Mutter) als weltweit anerkannter siegreicher Partisanenführer
im Zweiten Weltkrieg, als Architekt des Zweiten Jugoslawien
mit dem Experiment des »Selbstverwaltungspluralismus« und
als erfolgreicher Herausforderer Stalins und bahnbrechender
Initiator der »Blockfreien Bewegung« gilt. Es war für meine kom-
plexe Beziehung zu Jugoslawien irgendwie symbolträchtig, dass
meine allerersten Kommentare für den ORF die immer wieder
auf den letzten Stand gebrachten Tito-Nekrologe während des
viermonatigen Komas vor seinem Tod am 4. Mai 1980, drei Tage
vor seinem 88. Geburtstag, waren. Sein Begräbnis am 8. Mai
in Belgrad war ein »Jahrhundert-Event«, an dem vier Könige,
31 Staatspräsidenten, 22 Ministerpräsidenten, 47 Außenminister
sowie Delegationen aus 127 Ländern teilnahmen.

Interessante Freunde

Trotz meiner intensiven Beschäftigung mit Jugoslawien habe
ich Tito nur einmal persönlich getroffen, Mitte Februar 1967
anlässlich seines viertägigen Staatsbesuches in Österreich bei

71

einem Empfang in Schönbrunn in Wien. In seiner Prunkuniform begrüßte der damals 75-jährige, rüstige Staatspräsident geduldig die Gäste und schüttelte auch mir freundlich die Hand. Der Marschall erschien in Galauniform, und das Protokoll hatte deshalb für alle Gäste Frackzwang (für die Damen Abendkleid) vorgeschrieben. Auch ich musste mir deshalb zum ersten Mal in meinem Leben einen Frack ausleihen. Das Ereignis blieb aus einem besonderen Grund als denkwürdiges Ereignis in meiner Erinnerung. Am Rande des glanzvollen Events bewies nämlich der als Symbol der Sozialpartnerschaft geltende Gewerkschaftspräsident Anton Benya seine »klassenkämpferische Gesinnung« dadurch, dass er als einziger Gast der Anordnung des Protokolls zuwiderhandelte und nur einen Smoking trug …

Zwei wichtige Menschen aus meinem Leben waren übrigens bei diesem Empfang auch anwesend und konnten mit Tito auf dessen besonderen Wunsch sogar ein kurzes Gespräch führen: Eric und Dessa Bourne. Eric Bourne war ein britischer Journalist, damals für die amerikanische Tageszeitung *Christian Science Monitor* tätig, und langjähriger, teils in Belgrad ansässiger Auslandskorrespondent. Seine Frau Dessa, geboren in Zagreb, war die Tochter einer kroatischen Mutter und eines serbischen Vaters und arbeitete für die Londoner *Times*. Sie galt als die bestinformierte Auslandsjournalistin in Belgrad. Nach ihrer Scheidung schrieb sie unter dem Namen ihres italienischen Ehemannes, als Dessa Trevisan, für das britische Blatt.

Bei meiner Eheschließung mit Margaret Gordon Pollock 1962 in Wien waren Eric Bourne und der Schweizer Journalist Ernst Halperin unsere Trauzeugen. Halperin hatte ich schon auf meinem Weg in den Westen, in Warschau 1957, kennengelernt. Seit seinem Buch *Der siegreiche Ketzer* über den Tito-Stalin-Konflikt hatte sich der Korrespondent der *Neuen Zürcher Zeitung* den Ruf des besten Jugoslawien-Kenners erworben.

Beide, Eric Bourne und Ernst Halperin, lebten später in Wien. Diese drei Freunde waren für meine Arbeit in und über Jugoslawien in den ersten Jahren unentbehrliche Quellen. Halperin hatte als ehemaliger Kommunist im Spanischen Bürgerkrieg gekämpft und dort unter anderen auch Koča Popović, den späteren Generalstabschef der Jugoslawischen Volksarmee und Außenminister, kennengelernt. Ich habe von ihm die Korrespondentenstelle des Zürcher Blattes *Die Tat* geerbt, nachdem er als Universitätsprofessor nach Boston berufen wurde.

Wenn ich mich selbst frage, wie und warum es mir gelungen ist, den Zugang zu so vielen interessanten Persönlichkeiten in Kroatien zu finden, muss ich auch noch andere Freunde erwähnen, so etwa den amerikanischen Historiker und Autor Dennison Rusinow (1930–2004), dessen Berichte für das American Universities Field Staff und dessen Buch über *The Yugoslav Experiment 1948–1974* seine profunden Kenntnisse über Jugoslawien spiegelten. In Zagreb und Belgrad 1963–1973, dann in Wien 1974–1988 war er einer meiner engsten Freunde und zugleich eine unerschöpfliche Quelle für die Einschätzung der Entwicklungen in und um Jugoslawien. Außerdem ermöglichten mir Kontakte und Diskussionen mit den revisionistischen Philosophen der Zagreber Zeitschrift *Praxis* (1964–1975) äußerst wertvolle Einblicke in die Wurzeln der nationalistischen Gärung in Kroatien.

Die Tito-Nostalgie

Fast drei Jahrzehnte nach seinem Tod bleibt die Erbschaft der Tito-Periode höchst umstritten. Dass die rund 700 Seiten lange Biografie des slowenischen Historikers Jože Pirjevec (auf Deutsch 2016) Zehntausende Käufer in den Nachfolgerepubliken, vor allem in Kroatien, gefunden hat, bestätigt die Annahme, dass es auf dem Balkan wohl keinen anderen Spitzenpolitiker gegeben hat, der von seinen Landsleuten so sehr bewundert und zugleich von vielen auch so verabscheut wurde wie Josip Broz Tito. Deshalb möchte ich hier die kurze und für manche Leser vielleicht überraschende Einschätzung des katholischen und streng bürgerlichen Publizisten und Autors Christopher Cviić (1930–2010) zitieren. »Ich schätze Tito als eine große historische Persönlichkeit, die viel Gutes für dieses Land getan hat [...] Ich kann ohne Zweifel sagen, dass die Kroaten Tito als einen ihrer größten Führer akzeptieren müssten, und sie sollten auf ihn stolz sein. Ich sage das trotz der Tatsache, dass viele Menschen mir stark widersprechen würden. Ich glaube, dass Tito ein Erfolg war, dass er diese Region nach 1945 gerettet hat. Es hätte unter einer unbarmherzigen Diktatur sowjetischen Typs viel mehr Blutvergießen gegeben.« Cviić war selbst Kroate und hatte seit 1954 in London als BBC-Kommentator und dann mehrere Jahrzehnte als Osteuropa-Redakteur des angesehenen Londoner Wochenblatts *The Economist* gearbeitet. Zum Verständnis seiner Persönlichkeit muss man an meine ORF-Fernsehdokumentation »Kroatien im Schmelztiegel der Nation« erinnern. Er trat als einziger Narrator in diesem Film auf, der am 16. Dezember 1982 vom ORF ausgestrahlt wurde. Wir beide, ich als Autor und Chris Cviić als Interviewpartner, wurden Zielscheibe einer beispiellos wütenden Kampagne der jugoslawischen Presse und aller in Österreich tätigen jugoslawischen Vereine.

ORF-Generalintendant Gerd Bacher wies den offiziellen Protest der jugoslawischen Botschaft zurück, und die österreichische Presse hat den Film, den ersten der geplanten »Ostreporte«, als äußerst informativen Bericht gelobt, der starke Aussagen in zurückhaltendem Ton mache. Das war das Verdienst von Chris Cviić, der, in stets ausgezeichnetem Deutsch, in einigen prägnanten Sätzen die finanzielle Benachteiligung

Kroatiens und die dominante Rolle der Serben in der Verwaltung, der Armee und der Polizei beschrieben hatte. Zum Abschluss sagte er nur traurig, »die Kroaten fühlen sich in Kroatien nicht zu Hause«, leise begleitet vom Evergreen der Wiener Operettenmusik »Sag beim Abschied leise Servus« …

Chris Cviić war nach der Entstehung des unabhängigen Kroatien 1991 mit seinen Rundfunk- und TV-Kommentaren in Zagreb eine Stimme der Vernunft und spielte 1997/98 als Gründer und Chefredakteur des neuen Wochenblattes *Tjednik* zeitweise eine besonders wichtige Rolle. Auch nachdem er wegen politischer Grabenkämpfe nach einem knappen Jahr nach London zurückkehrte und als Konsulent bei der European Bank for Reconstruction and Development für Osteuropa wirkte, trat er häufig im ORF-»Europastudio« auf.

Seine oben zitierte Einschätzung der Rolle Titos in einem Kommentar für Radio Zagreb (2009) wurde auf Englisch in dem von seiner Witwe Celia herausgegebenen Erinnerungsband (2012) veröffentlicht. Er betont darin mehrmals, dass es ihm als einem Kroaten, der sich an die Ermordung von Zehntausenden Kroaten 1944/45 bei Bleiburg in Kärnten und an die Säuberungen 1971 (nach der Unterdrückung des nationalen Aufschwungs innerhalb der KP) erinnert, der 15 Jahre lang nach seiner Niederlassung in England seine Heimat nicht besuchen durfte, besonders schwerfalle, ein ausgewogenes Urteil über das Tito-Regime zu fällen. Er wies auf Titos erfolgreichen Widerstand gegen Stalin hin, der ein neues Kapitel eröffnet habe: Die Menschen konnten mit relativ guten Lebensperspektiven und mit der Möglichkeit von Auslandsreisen rechnen; und auch der Grad der Unterdrückung wurde verringert. Tito habe ein System geschaffen, das – obwohl nach seinem Tod zusammengebrochen – von der ganzen Welt als eine völlig legitime Regierung betrachtet worden sei. Chris Cviić betonte in seinem Kommentar für die BBC, wie auch ich damals in meinen Berichten, dass Titos Tod eine echte und tiefe Trauer in der Bevölkerung ausgelöst hatte. Schon damals spürte man allerdings die nationalen Leidenschaften, die schließlich das Zweite Jugoslawien ohne ausländische Einmischung zerstören sollten.

Vladimir Bakarić, der liberale Reformer

Rückblickend muss man zusätzlich zum Sonderfall Tito noch eine kroatische Persönlichkeit aus dieser Zeit in Erinnerung rufen, die eine prägende und zugleich widersprüchliche Rolle gespielt hat: Vladimir Bakarić (1912–1983), den engsten kroatischen Kampfgenossen Titos. Ich habe ihn mehrmals getroffen, und diese Begegnungen spiegelten auch den dramatischen Wandel auf der politischen Bühne Kroatiens wider.

Vladimir Bakarić stammte aus einer bürgerlichen Familie, sein Vater war ein angesehener Richter gewesen, und auch er promovierte an der Zagreber Rechtsfakultät. Er spielte eine führende Rolle in der kommunistischen Studentenbewegung und war von Anfang an einer der engsten Mitarbeiter Titos während des Partisanenkriegs. Als kroatischer Parteichef hat Bakarić, zusammen mit dem slowenischen Theoretiker des Selbstverwaltungssystems Edvard Kardelj, die Reformpolitik forciert und im Hintergrund für die Stärkung der Mitte zwischen den Stalinisten und Nationalisten gewirkt. So stoppte Bakarić 1952 in Kroatien – damals noch Premier der Teilrepublik – die Kollektivierung der Landwirtschaft, die Jugoslawien nach sowjetischem Vorbild eingeführt hatte. Mit der Einsicht, dass »Freiheit, nur in Teelöffeln serviert, keine wirklichen Lösungen schafft«, setzte er als kroatischer Parteivorsitzender zusammen mit Kardelj 1965 gegen den konservativen Parteiflügel Jugoslawiens eine Wirtschaftsreform durch, die den

Arbeitern in den Betrieben und den Betrieben in der Planung mehr Selbstständigkeit einräumte. Dieses Modell der Arbeiterselbstverwaltung bedeutete »eine schrittweise Demokratisierung von unten«.

Ich habe ihn in Zagreb in den 1960er- und 1970er-Jahren zwei- oder dreimal getroffen und war beeindruckt von seiner im Vergleich zu vielen anderen Funktionären offen an den Tag gelegten gemäßigten Haltung. Bereits im März 1966, also ein Vierteljahrhundert vor dem Zerfall Jugoslawiens, warnte Bakarić: »Der Nationalismus ist heute mindestens die zweitwichtigste Frage. Wenn wir den Kampf um die Reform nicht gewinnen, könnte er die wichtigste Frage werden.« Er verfügte über eine Hausmacht, in die Außenstehende, wie zum Beispiel die Belgrader Zentralisten, nicht eindringen konnten. Er sprach auch offen aus, dass es sich bei den nationalistischen Erscheinungen nicht um reaktionäre Kreise, sondern um »unseren eigenen Nationalismus handelt, gefördert durch den Verfall des alten Verteilungssystems und durch die Demoralisierung gewisser Leute, die davon betroffen wurden«.

Bakarić war auch in seiner Haltung zu den Medien für einen kommunistischen Politiker recht ungewöhnlich, wie es die folgende von Chris Cviić erzählte Geschichte zeigt: Cviić hatte aus Zagreb 1954 um eine Stelle als Nachrichtensprecher bei der Jugoslawien-Redaktion der BBC in London angesucht und diese auch erhalten. Aber er verfügte über keinen Reisepass, weil dieser mehrmals eingezogen worden war. Ein Direktor der BBC kam nach Zagreb und fragte Bakarić: »Ist dieser junge Mann, Cviić, ein Kriegsverbrecher?« Bakarić verneinte die Frage; er habe sein Dossier angeschaut, er sei zu Kriegsende nur 14 Jahre alt gewesen. Daraufhin sagte der BBC-Mann: »Da Sie offensichtlich etwas gegen ihn haben, werden wir einen jungen Mann mit einer sehr starken Stimme engagieren, der der Leiter des kroatischen Emigrantenvereins in London ist.«

Drei Wochen später erhielt Chris Cviić seinen Reisepass. Viele Jahre später feierte das Zagreber Nachrichtenmagazin *Danas* einen runden Geburtstag der Gründung, und bei der Pressekonferenz wandte sich Bakarić zu den Gründern mit der Bemerkung: »Ihr solltet nach London fahren und die Redaktion des *Economist* besuchen, um von ihnen etwas zu lernen. Grüßt auch Krsto Cviić, falls ihr ihn seht, und sagt ihm, dass ich ihm seinen Reisepass gegeben habe.«

In seinem Kommentar fügte Chris Cviić hinzu: »Heute sehe ich ihn als eine positive Figur, weil er einer der Ersten war, der wusste, wie man Reformen und Änderungen des Regimes vorbereiten sollte. Ich bewundere ihn auch deshalb, weil er durch seine tolerante Haltung viele Menschen in Kroatien gerettet hat. Ich glaube, er ist einer jener Menschen, die eine Neubewertung verdienen.« Die inzwischen veröffentlichten Dokumente bestätigen, dass der kränkliche Bakarić stets zum gemäßigten Flügel in der herrschenden Partei gehört hat.

Die Familie Broda: Ein Spionagethriller

Im Lauf der Jahre habe ich viele eindrucksvolle Persönlichkeiten in Kroatien oder aus Kroatien getroffen. Zu diesen gehörte Leo Mates, ein Vorkriegskommunist, ehemaliger jugoslawischer Botschafter in Washington und Titos Kabinettschef, den ich als Direktor des Belgrader Instituts für Internationale Politik kennengelernt habe. Er war ein geistreicher Zyniker, der nie ein Blatt vor den Mund nahm. Kein offizieller jugoslawischer Gesprächspartner hat mit mir offener gesprochen als er. In meinem Balkanbuch und in so manchen *Financial Times*-Artikeln zitierte ich immer wieder, natürlich ohne Quellenangaben, seine treffsicheren Feststellungen.

Dank der Kontakte zu meinem schon erwähnten amerikanischen Freund Denny Rusinow habe ich in den 1960er-Jahren in Zagreb die angesehene Soziologin Vera Ehrlich und später ihre Schwester Ina Jun-Broda, die Dichterin und Übersetzerin serbokroatischer Romane und Gedichte ins Deutsche, kennengelernt. Ina Jun-Broda lebte damals schon seit Langem in Wien. Ich habe sie öfter getroffen, und sie half mir auch, meine kroatische Sprachlehrerin zu finden. Nach dem deutschen Einmarsch waren unter dem Ustascha-Regime ihr Mann und ihr Sohn umgebracht worden; sie ging zu den Partisanen. Ich wusste, dass sie die geschiedene zweite Frau des Naturwissenschaftlers und Kommunisten Engelbert Broda, Bruder des langjährigen sozialdemokratischen Justizministers Christian Broda, war. Ich hatte allerdings nicht die geringste Ahnung, dass Engelbert Broda einer der erfolgreichsten sowjetischen Spione in Großbritannien und auch in die Atomspionage verwickelt gewesen war. Erst aus den brisanten Memoiren des in England lebenden Sohnes von Engelbert Broda (Paul Broda: *Scientific Spies*. Leicester 2011) erfuhr ich, dass sein Vater und auch sein Stiefvater Alan Nunn May zu den gefährlichsten KGB-Spionen gehört hatten. Während May zu zehn Jahren Haft verurteilt wurde, blieb Broda frei, weil er nach seiner Rückkehr nach Wien nie wieder nach Großbritannien reiste. In Wien heiratete er die um zehn Jahre ältere Ina, aber sie lebten nur bis 1952 zusammen. Sie sollen einander möglicherweise schon vor dem Krieg getroffen haben, aber es gab keine belastenden Geheimakten über Ina Jun-Broda und ihre Schwester, Vera Ehrlich.

Der bekannte Politiker und Justizreformer Christian Broda war ebenfalls Kommunist gewesen, aber im Gegensatz zu seinem älteren Bruder brach er 1946 mit der KPÖ. Danach pflegte er kaum noch Kontakte mit seinem Bruder und machte eine Karriere in der Sozialdemokratie. Ich hatte diesen schillernden Intellektuellen eine Zeit lang gut gekannt, aber seine Parteinahme für Finanzminister Hannes Androsch im Konflikt mit Bundeskanzler Bruno Kreisky bewirkte eine gewisse Abkühlung unserer Beziehungen. Auch die jahrzehntelange Lebensgefährtin Christian Brodas, die gebürtige Ungarin Maria Strasser, war eine faszinierende Persönlichkeit. Sie hatte als junge Frau ein Liebesverhältnis mit Sándor Nógrádi, dem höchsten Politkommissar der ungarischen Armee. Sie wurde völlig grundlos, weil aus einer kleinadligen Familie stammend, der Spionage verdächtigt und musste sechseinhalb Jahre in einem kommunistischen Gefängnis verbringen. Sie hatte während des Oktoberaufstands 1956 in Budapest den österreichischen sozialdemokratischen Abgeordneten Peter Strasser kennengelernt und ihn nach der Flucht aus Ungarn geheiratet. Nach dem Tod Strassers im Jahr 1962 lebte sie mit Christian Broda bis zu dessen Ableben zusammen. So führt uns ein kurzer Blick auf die Familie Broda in die grenzüberschreitenden Verästelungen der kroatischen, österreichischen und ungarischen Geschichte und sogar in die Welt der sowjetischen Spionagethriller.

Jedenfalls konnte ich durch die Kontakte mit Vera Ehrlich und Ina Jun-Broda wichtige Intellektuelle und Wissenschaftler, nicht nur in Zagreb, sondern auch in Belgrad, kennenlernen. So habe ich schon in der Atmosphäre des nationalen Aufschwungs 1971 Miroslav Krleža, den größten kroatischen Schriftsteller, getroffen. Er begrüßte mich in dem von ihm geleiteten Lexikographischen Institut in Zagreb in ausgezeichnetem Ungarisch. Krleža wurde noch in der Monarchie zuerst in der Kadettenschule von Pécs und anschließend an der Offiziersakademie »Ludovika« in Budapest ausgebildet. Auch Krleža unterstützte den nationalen Flügel: Bereits im Sprachenkonflikt 1967 hatte er die Deklaration zur Verteidigung des Kroatischen unterschrieben und trat aus dem Zentralkomitee des Bundes der Kommunisten zurück. Auf meine Bemerkung, dass ich angesichts des Blutbads im Zweiten Weltkrieg für die Zukunft schwarz sähe, antwortete der 78 Jahre alte Krleža mit einer abschätzigen Handbewegung: »Es gibt mehrere Farben, es muss nicht unbedingt schwarz sein …«

Franjo Tudjman: Ein Mann voller Widersprüche

Ich glaube, Krleža hat mir geraten, den damals im Ausland noch völlig unbekannten Franjo Tudjman (1922–1999) zu besuchen. Tudjman, einst der jüngste Partisanengeneral Titos während des Zweiten Weltkriegs, wurde eine schillernde Figur in der kroatischen Politik. Nachdem er ebenfalls die Sprachendeklaration zur Verteidigung der kroatischen Sprache unterschrieben hatte, verlor er seine Position als Direktor des Instituts der kroatischen Arbeiterbewegung und wurde aus der kommunistischen Partei ausgeschlossen. Später verlor er auch seinen Sitz im kroatischen Parlament. Tudjman machte bereits bei unserer ersten Begegnung seine unbedingte Sympathie für die Forderungen der national gesinnten kroatischen Kommunisten und Studenten klar. Auch nach dem Machtwort Titos und dem Rücktritt der kroatischen Führungsspitze setzte er seine Proteste fort und wurde deshalb zu einer Gefängnisstrafe verurteilt. Später erzählte Tudjman, dass man ihn schon damals als Haupt einer Verschwörung hinstellen wollte, aber Tito soll das Projekt verhindert haben. Er wurde aus dem Gefängnis entlassen, nachdem Krleža bei Tito wegen Tudjmans schlechten Gesundheitszustands interveniert hatte. Nach Titos Tod 1980 kam es zu einer totalen Abrechnung mit Tudjman: Er wurde wegen nationalistischer Agitation 1981 zu drei Jahren Haft verurteilt.

Er war auch als Oppositioneller aufbrausend, aggressiv und selbstherrlich; Eigenschaften, die sich, als er dann an der

Macht war, zur vollen Blüte entfalteten. Einmal hat er mir beinahe vorgeworfen, dass ich mit Bakarić ein Gespräch geführt hatte, obwohl das nicht eine Frage der Sympathie, sondern schlicht und einfach Teil meiner journalistischen Tätigkeit gewesen war. An der Spitze der von ihm gegründeten HDZ-Partei (Kroatische Demokratische Union) gewann Tudjman 1990 die absolute Mehrheit der Mandate, im August desselben Jahres interviewte ich ihn als Regierungschef in seinem Amtssitz. Die Umstände dieses Treffens waren recht spannend. Die Kriegsgefahr wuchs von Tag zu Tag, und wir flogen mit ORF-Generalintendant Gerd Bacher und einer kleinen ORF-Delegation in einer Sondermaschine nach Zagreb, weil die AUA wegen der unsicheren Lage den Flugverkehr nach Jugoslawien suspendiert hatte. Tudjman drückte seine Hoffnung aus, dass der Westen einen Jugoslawienkrieg verhindern würde. Wir wissen heute, dass, in den Worten des herausragenden Jugoslawienhistorikers Holm Sundhaussen, »die Rolle der internationalen Gemeinschaft vor, während und nach dem Staatszerfall und den Kriegen beschämend war« (in: *Jugoslawien und seine Nachfolgestaaten 1943–2011*, 2012).

Tudjman hatte zweifellos große Verdienste bei der Erringung und Bewahrung der Unabhängigkeit Kroatiens. Als erster Präsident des unabhängigen Staates (September 1992, Wiederwahl Juni 1997) sowie als Oberbefehlshaber im »Vaterländischen Krieg« wurde er für viele Kroaten zum Idol des »wiederauferstandenen« Kroatien. Er starb am 10. Dezember 1999, nachdem er zehn Jahre lang mehr oder weniger autoritär regiert hatte. Die *New York Times* beschrieb ihn am 11. Dezember 1999 treffend »als einen Mann voller Widersprüche. Er war ein begeisterter jugoslawischer Patriot, der zu einem genauso begeisterten kroatischen Nationalisten wurde. Er war ein leidenschaftlicher Kommunist, der zu einem leidenschaftlichen Antikommunisten wurde. Er war ein Atheist, der die

Unterstützung der katholischen Kirchenhierarchie in Zagreb und später in Rom gewonnen hat.«

Unabhängige Beobachter wie Sundhaussen, Cviić und Viktor Meier (*Wie Jugoslawien verspielt wurde*, 1995, und *Jugoslawiens Erben*, 2001) haben die innenpolitische Bilanz von Tudjmans Herrschaft als düster bezeichnet. Bereits in der ersten Präsidentschaftskampagne hat er dem Ansehen Kroatiens schwer geschadet, als er wörtlich erklärte: »Gott sei Dank bin ich weder mit einer Serbin noch mit einer Jüdin verheiratet.« In seinem Buch *Irrwege der Geschichtswirklichkeit* (1989) bagatellisierte Tudjman die Ermordung von Serben und Juden im Konzentrationslager Jasenovac und wahrte eine problematische Kontinuiät mit dem faschistischen Ustascha-Staat. Er trug an der bosnischen Tragödie und an der Vertreibung bzw. Flucht der Kroaten aus Nordbosnien ein gerütteltes Maß an Verantwortung. Unter Tudjman blühten Korruption und Vetternwirtschaft. Seine Frau, sein Sohn und seine Töchter waren in dubiose, aber ertragreiche Finanzgeschäfte verwickelt, über die nach seinem Tod in den Medien sehr breit berichtet wurde. Erst Tudjmans Tod ebnete den Weg zu einem Neuanfang.

Aufstieg und Fall des Ivo Sanader

Die Bilanz des Transformationsprozesses im Jahrzehnt nach Tudjmans Tod fällt gemischt aus und wird hier nicht analysiert. Das mit Abstand bedeutendste Ereignis nach den Jugoslawienkriegen war der Anfang 2013 erfolgte Beitritt Kroatiens zur Europäischen Union. Die Weichen dafür und, schon zehn Jahre früher, für den entscheidenden Durchbruch Kroatiens zu internationaler Akzeptanz hatte der sprachkundige und umgängliche Ministerpräsident (2003–2009) und HDZ-Parteichef Ivo Sanader seit dem Jahr 2000 gestellt. Ich hatte ihn schon als stellvertretenden Außenminister kennengelernt und war von ihm, wie fast alle seine Gesprächspartner, sehr beeindruckt. Der umgängliche Politiker, der fließend Deutsch, Englisch, Französisch und Italienisch sprach, wurde im Europäischen Parlament schnell eine geachtete Persönlichkeit.

Sanader hatte an der Universität Innsbruck in Literaturwissenschaft promoviert (Thema seiner Dissertation: der französische Autor Jean Anouilh). Zunächst war er in Österreich im Geschäftsleben tätig gewesen. Nach seiner Rückkehr nach Kroatien wurde er 1991 zum Intendanten des Nationaltheaters in Split, der zweitgrößten Stadt Kroatiens, ernannt, wo er jedoch nur ein Jahr blieb. Anschließend wurde er HDZ-Abgeordneter und stieg schnell in die Schlüsselposition des Büroleiters von Tudjman und zugleich zum Sekretär des einflussreichen Rates für Verteidigung und nationale Sicherheit auf. Sein viel diskutierter Niedergang geschah ebenso schnell. Nach einjähriger Tätigkeit wurde Sanader bereits 1993 als Vizeaußenminister ins Außenministerium abgeschoben, wo er bis zu seiner Bestellung zum HDZ-Parteichef im Jahr 2000 wirkte.

Erst nach Tudjmans Tod wurde das Geheimnis gelüftet, welche Machtkämpfe den zeitweiligen Sturz Sanaders provoziert haben sollen. Ein inzwischen verstorbener, aber damals sehr einflussreicher Verteidigungsminister und enger Vertrauter Tudjmans lancierte eine Zeitungsgeschichte, in der behauptet wurde, Sanader habe während seines mehrjährigen Aufenthaltes in Österreich mit pornografischem Material gehandelt. Ein anderer mächtiger Funktionär sagte in einem Interview, nach der Überprüfung dieser Behauptungen habe er Tudjman informiert, dass Sanader nicht mehr getan habe, als auf dem Wege seiner Presseagentur in Österreich einige erotische Fotos an eine seriöse europäische Zeitschrift weiterzuleiten. Wie dem auch gewesen sein mag, dem sprachkundigen

Sanader gelang im Jahr 2000 die Rückkehr an die Macht, zuerst in der Partei und dann, nach dem Wahlsieg der HDZ, an die Regierungsspitze.

Als ich Sanader zur Teilnahme an einer »Europastudio«-Sendung am 30. November 1997 gewann, gelang es mir, auch Zoran Djindjić, den Wortführer der serbischen Opposition, zu überreden, mit Sanader zusammen aufzutreten. Das war ein viel beachtetes Symbol einer gewissen Normalisierung der Beziehungen zwischen den beiden Erzfeinden. Allerdings war damals die Situation im bereits zerfallenen Jugoslawien durch den aggressiven Kurs von Slobodan Milošević in Belgrad überschattet. In Kontrast zum frei und souverän agierenden Djindjić war Sanader als Vizeaußenminister bemüht, bei den heikelsten Fragen die Klippen elegant zu umschiffen.

Jahre später, bei seinem ersten offiziellen Besuch als Regierungschef in Wien, habe ich Sanader eine DVD unserer denkwürdigen Sendung mit dem inzwischen ermordeten Zoran Djindjić geschenkt und mit ihm ein ausführliches Gespräch über seine außenpolitischen Pläne geführt. Er hatte sich erfolgreich als das Gesicht des modernen, europafreundlichen Kroatien profiliert. Eindrucksvoll war die Öffnung gegenüber der serbischen Minderheit, als er nach nur wenigen Tagen im Amt beim wichtigsten Fest der serbisch-orthodoxen Kirche in Zagreb erschien, um den Anwesenden auf Serbisch ein frohes Fest zu wünschen. Seine bedeutendste Leistung war die erfolgreiche Ankurbelung der EU-Beitrittsverhandlungen. Er galt in Brüssel, und nicht nur dort, als europäischer Erneuerer. Chris Cviić stellte zur Halbzeit seiner zweiten Ministerpräsidentschaft fest: »Sanader war ein Mensch, mit dem Kollegen aus anderen Ländern gerne zusammenarbeiteten, nicht zuletzt wegen seiner Entschlossenheit, seines Charmes, seines kultivierten Wesens und seiner ausgezeichneten Kenntnisse mehrerer europäischer Sprachen.« (*Europäische Rundschau*, 2009/3)

Das habe auch ich mehrmals persönlich erlebt. Hautnah zum Beispiel, als ich ihn anlässlich seines Auftritts beim Europa-Forum Wachau im Stift Göttweig in Niederösterreich als Moderator eingeführt und beim anschließenden Mittagessen mit ihm gesprochen beziehungsweise seinen Umgang mit Bundeskanzler Wolfgang Schüssel und dem Gastgeber, Landeshauptmann Erwin Pröll, beobachtet habe. Er war stets direkt und ungebunden im persönlichen Verkehr. Er hat zum Beispiel ohne Umschweife geholfen, die kroatische Ausgabe meiner Memoiren zu ermöglichen. Sein Vortrag, gehalten am 6. Juli 2007 beim Europa-Forum in Göttweig, war ein leidenschaftliches Plädoyer für eine entschlossene Reformpolitik und für fortschreitende EU-Beitrittsverhandlungen. Er sprach sich wiederholt auch für einen nationalen Schulterschluss in der EU-Politik und für einen Reformkurs als Basis für die Stabilität in Südosteuropa aus. Ich sprach mit ihm zuletzt bei einer internationalen Konferenz der Bertelsmann-Stiftung in Zagreb.

Deshalb war es für mich, wie für ganz Kroatien und die europäische Öffentlichkeit, ein rätselhafter Paukenschlag, als der 56-jährige Ivo Sanader am 1. Juli 2009 ohne Begründung als Ministerpräsident und als Chef der Regierungspartei HDZ zur Halbzeit der Legislaturperiode zurücktrat. Sein Rückzug wurde auch von den führenden Politikern der EU bedauert. Ebenso rätselhaft wie sein Entschluss zurückzutreten war fünf Monate später, Anfang Januar 2010, seine Erklärung über einen Wiedereintritt in die Politik. Daraufhin wurde er am nächsten Tag aus seiner Partei ausgeschlossen. Es ist verständlich, dass über ihn nicht nur in Kroatien allerlei abenteuerliche Gerüchte und widersprüchliche Informationen in Umlauf waren. Allmählich wurde dann bekannt, dass es gegen ihn schwerwiegende und begründete Korruptionsvorwürfe, vor allem in Zusammenhang mit der österreichischen Hypo Group Alpe Adria und der ungarischen Ölgesellschaft MOL gab. Laut Medienberichten soll er dem Land einen Schaden von 200 Millionen Euro zugefügt haben.

Die Würfel fielen am 9. Dezember 2010, als seine parlamentarische Immunität aufgehoben wurde. Am selben Tag verließ er das Land in Richtung Slowenien. Am nächsten Tag fand bereits eine Durchsuchung seines Hauses statt. Der internationale Haftbefehl lautete auf Verdacht des Amtsmissbrauchs und Bildung einer kriminellen Vereinigung. Noch am selben Tag wurde er auf der Tauernautobahn in Salzburg verhaftet. Ende 2010 war sein Vermögen beschlagnahmt worden, im Juli 2011 wurde er nach dem Beschluss eines Salzburger Gerichts an Kroatien ausgeliefert.

Schlag auf Schlag folgten dann die Enthüllungen. Sanader muss bereits seit den frühen 1990er-Jahren ein Doppelleben geführt haben. Er soll laut Anklage bereits als stellvertretender Außenminister 480.000 Euro von der Hypo Group bekommen haben. Am 20. November 2012 wurde der frühere Regierungschef wegen Korruption und wegen einer Schmiergeldaffäre in Zusammenhang mit dem ungarischen Mineralölkonzern MOL zu einer Haft von insgesamt zehn Jahren verurteilt. Sanader soll ein Bestechungsgeld von zehn Millionen Euro bekommen haben, um im Gegenzug dem ungarischen Mineralölkonzern das Management der kroatischen Ölfirma INA zu überlassen. Das Oberste Gericht bestätigte 2014 die Urteile, setzte die Strafe jedoch auf achteinhalb Jahre herab.

Im Oktober 2015 wurde Sanader auf 1,6 Millionen Euro Kaution freigelassen, weil das kroatische Verfassungsgericht das Urteil im Juli 2015 wegen Formfehlern aufgehoben hatte. Wegen der Verurteilung in einem dritten Prozess musste er jedoch weiter in Haft bleiben. Seine Freilassung erfolgte, nachdem das Verfassungsgericht auch dieses Urteil aufgehoben hatte. Sanader überstand allerdings die Strapazen der undurchsichtigen Prozesslawine anscheinend gut, beim Finale der Fußballweltmeisterschaft in Moskau war er anwesend und wurde sogar fotografiert.

Bei einem weiteren Prozess wurde er im Herbst 2018 zwar rechtskräftig zu zweieinhalb Jahren Haft verurteilt, musste aber nicht ins Gefängnis, weil die Zeit, die er bereits hinter Gittern verbracht hatte, auf die Strafe angerechnet wurde. Im April 2019 wurde er erneut wegen Korruption verurteilt und direkt nach dem Urteil ins Gefängnis gebracht. Der Oberste Gerichtshof hat ein Urteil von 2017 wegen der Annahme von Schmiergeldern in Millionenhöhe bestätigt und das Strafmaß auf sechs Jahre erhöht.

Laut Sanader war das Ganze ein politischer Rachefeldzug. Bevor er von Polizisten in ein Zagreber Gefängnis abgeführt wurde, sagte er vor Journalisten, er werde weiterhin mit allen Mitteln kämpfen, um seine Unschuld zu beweisen.

Es scheint also, dass er laut Gerichtsurteil schon zur Zeit unseres »Europastudios« 1997 in den Sumpf der Bestechungen verstrickt war. In der Position des Regierungschefs waren die Chancen für Bereicherung offenbar noch viel größer. Trotz der auch für ihn geltenden Unschuldsvermutung ist der Fall Sanader ein erschütterndes Beispiel für das Krebsübel der Bestechung und des Amtsmissbrauchs. Gerade wegen seiner weiter oben dargestellten gewinnenden Eigenschaften hätte man all das nicht von ihm angenommen. Die Welt, das heißt wir alle, ließen uns durch den schönen Schein des offiziellen Sanader-Bildes blenden und letzten Endes täuschen.

Trotzdem muss man seine große Leistung bei der Öffnung in Richtung Brüssel voll anerkennen. Für mich aber war Ivo Sanader, vielleicht gerade weil ich ihn so gemocht habe, eine der größten Enttäuschungen in der Konkursmasse Jugoslawien. Ein tragischer Fall und ein Lehrbeispiel für die Bedeutung einer unabhängigen Justiz. Was immer die Schwächen der kroatischen Anti-Korruptions-Staatsanwaltschaft sein mögen, diese sind

Kinderkrankheiten, verglichen zum Beispiel mit den Zuständen in Ungarn oder Polen.

Diese drei so gänzlich unterschiedlichen Beispiele – Tito, Tudjman, Sanader – für die Rolle der Persönlichkeit in der Politik zeigen die Fallstricke sowohl unter den Verhältnissen einer Parteidiktatur wie auch in mehr oder weniger demokratischen Gesellschaften. Diese drei Kroaten haben das Schicksal ihrer Heimat in einer sich rapide wandelnden Welt einmal entscheidend, einmal wesentlich mitbestimmt. Ihr Leben enthält jedenfalls aktuelle Lehren – und nicht nur für Kroatien!

Janez Janša, der unzerstörbare Stehaufmann der slowenischen Politik

In der Umgangssprache wird der Begriff Stehaufmännchen für solche Personen verwendet, die sich nicht durch Niederlagen oder Misserfolge entmutigen lassen, sondern diese überwinden und sich immer wieder neu »auf das Leben einlassen« und versuchen, es selbst zu meistern. Der slowenische Spitzenpolitiker Janez Janša ist ein treffendes Beispiel für dieses Phänomen. Ich habe ihn als jungen Mitarbeiter der slowenischen Jugendzeitschrift *Mladina* in den späten 1980er-Jahren in Ljubljana kennengelernt. Er war im kommunistischen Jugendverband und als freier Journalist tätig und hatte über Pläne der Armeeführung und der Geheimpolizei berichtet, die slowenische Bewegung für Pluralismus und Unabhängigkeit gewaltsam zu unterdrücken. In seinem Buch *Die Entstehung des slowenischen Staates 1988–1992* (1994) beschreibt Janša, wie er Ende Mai 1988 verhaftet und nach zwei Monaten zu eineinhalb Jahren Gefängnis verurteilt wurde. Dieser Schauprozess wirkte als Weckruf und spielte eine entscheidende Rolle bei den Massenprotesten, die letztlich das kommunistische Regime stürzten und das kleine Land zum ersten Mal in der Geschichte in die Unabhängigkeit führten. Über die bahnbrechende Aktivität der slowenischen Reformer und natürlich über den Kampf des jungen Journalisten habe ich damals im ORF und in den Zeitungen berichtet, für die ich schrieb. Janša hat mein langjähriges Engagement für Slowenien nicht vergessen und sich bei unserer letzten Begegnung im Sommer 2015 bei der Widmung seiner zwei Bücher ausdrücklich für meine Unterstützung für »den slowenischen Frühling« bedankt.

Dieses mehrstündige Gespräch mit Janša fand bei strahlendem Sonnenschein im Garten eines Restaurants in Ljubljana statt. Trotzdem hinterließen seine Worte, selbst im Rückblick, einen gespenstischen Eindruck. Was er in Stakkato-Sätzen auf Englisch formulierte, erinnerte mich fast an die Stimmung in der kommunistischen Endphase mehr als 25 Jahre zuvor. Er sah zerstörerische Kräfte verborgener kommunistischer Seilschaften von oben nach unten am Werk. Einer der wichtigsten Drahtzieher der unter neuen politischen Etiketten operierenden kommunistischen Netzwerke sei Milan Kučan (2015 bereits 75 Jahre alt), seinerzeit Chef der slowenischen Zweigpartei des Bundes der Kommunisten Jugoslawiens, dann von 1991 bis 2002 (wiedergewählter) erster Präsident der Republik Slowenien. Ihr Ziel sei noch immer ein politischer Umsturz und vor allem die Vernichtung von Janša als Persönlichkeit des öffentlichen Lebens und als Spitzenführer der größten politischen Partei des Landes. Alles, von der Justiz bis zu den Medien, sei in Slowenien hinter der demokratischen Fassade von verschwörerischen linksextremen Gruppen beherrscht.

Ich habe nach unserem Gespräch im Sommer 2015 den amtierenden Ministerpräsidenten sowie seine Vorgängerin, den Bürgermeister von Ljubljana, auch Milan Kučan sowie Diplomaten und mehrere Wissenschaftler gesprochen und habe keinen gefunden, der dem düsteren und dramatischen Lagebericht von Janša zugestimmt hätte. Er hat diese Thesen, sowohl in Interviews wie auch in seinen politischen Erklärungen, auch in den folgenden Jahren, und sogar noch lauter vor und nach den letzten Parlamentswahlen im Juni 2018, vertreten.

Kurvenreiche Karriere

Um seine Verfolgungskomplexe zu begreifen, muss man kurz einen Blick auf seine ungewöhnliche Karriere werfen. In der nach den ersten freien Wahlen 1990 gebildeten demokratischen Regierung Sloweniens wurde Janša Verteidigungsminister und organisierte 1991 den erfolgreichen Widerstand gegen die jugoslawische Armee. Wegen einer undurchsichtigen Prügelaffäre in der Armee wurde er 1994 als Verteidigungsminister abgesetzt. In der Opposition hat er seine ursprünglich sozialdemokratische Gruppierung in Slowenische Demokratische Partei (SDS) umbenannt und sie als Parteivorsitzender immer mehr nach rechts geschwenkt. Sein politischer Durchbruch erfolgte 2004, als die SDS stärkste Kraft wurde. Janša bildete eine Mitte-rechts-Regierung und vollzog den bei Volksabstimmungen 2003 befürworteten Eintritt in die EU und die NATO. Sein autoritärer, konfrontativer Regierungsstil und seine aggressive Rhetorik waren für seine Niederlage 2008 verantwortlich. Bei den Wahlen 2008, 2011 und 2014 landete die SDS jeweils nur auf dem zweiten Platz. Nachdem der Wahlsieger mit einer neuen Mitte-links-Liste 2011 keine Regierung bilden konnte, setzte sich Janša an die Spitze einer kurzlebigen Fünf-Parteien-Regierung, die aber nur knapp ein Jahr (2012/13) amtieren konnte, weil die Fünf-Parteien-Koalition wegen Korruptionsvorwürfen gegen den SDS-Chef zerbrach. Janša konnte, so lautete der Vorwurf der Kommission zur Korruptionsverhütung, die Herkunft von 210.000 Euro auf seinem Konto nicht erklären.

Seine Gegner holten nach seinem Rücktritt zum entscheidenden Schlag aus: Am 5. Juni 2013 wurde Janša von einem Gericht in Ljubljana wegen angeblicher Schmiergeldzahlungen im Jahr 2005 an seine Partei beim Kauf von 135 finnischen Panzern zu zwei Jahren Haft verurteilt. Janša, der damals

Ministerpräsident war, bestritt, sich mit der Auftragsvergabe beschäftigt zu haben. Er legte beim Obersten Gerichtshof Berufung gegen das Urteil ein. Dieser bestätigte aber das Urteil, und Janša musste seine Haftstrafe vor den Parlamentswahlen im Juli 2014 antreten. Mehrere Tausend Demonstranten begleiteten ihn zum Gefängnis und forderten seine Freilassung. Janša führte seine Partei sogar aus dem Gefängnis auf den zweiten Platz. Das Verfassungsgericht setzte am 12. Dezember 2014 Janšas Haft bis zur endgültigen Entscheidung aus. Im April 2015 entschied das Verfassungsgericht, dass der Prozess wiederholt werden müsse, da es in den vorhergehenden Instanzen keine vollständige Beweisführung gegeben habe. Außerdem sei einer der Richter am Obersten Gericht Janša gegenüber befangen und der Prozess deshalb nicht fair gewesen. Ein neuerlicher Prozess blieb wegen der Verjährungsfrist aus.

Ich zähle diese scheinbar trockenen Fakten auf, weil Janša sie mir im oben zitierten Gespräch wie einen spannenden Thriller geschildert hat. Zuerst die Szene: dasselbe düstere Hochsicherheitsgefängnis, vielleicht dieselbe Zelle, in der der junge Journalist Janša 1988 seine Strafe absitzen musste. Damals wegen des »Verrats von militärischen Geheimnissen«, 2014 wegen Korruption. Janša erzählte und kommentierte jede Phase der komplizierten juristischen Auseinandersetzungen zwischen ihm bzw. seinen Anwälten und den laut ihm von altkommunistischen Seilschaften gelenkten Gerichten, in denen in der Tito-Ära kompromittierte Geheimpolizisten und Staatsanwälte das Sagen hätten. Vom Obersten Gerichtshof angefangen, beschrieb er die familiären Bindungen oder engen beruflichen Bande zwischen den involvierten Personen im Justizapparat. Sie alle wollten ihn, ohne Rücksicht auf rechtsstaatliche Grundsätze, politisch für immer ausschalten, sagte er mir damals und fügte lächelnd hinzu, »aber ich gebe nie auf«.

94

Drei Jahre später, im Juni 2018, wurde er wieder seinem Ruf gerecht, ein Stehaufmann der slowenischen Politik zu sein. Janša gewann die Parlamentswahl mit seiner rechtskonservativen SDS klar. Für den Fall einer Regierungsübernahme kündigte er an, das Land gegen Flüchtlinge und Migranten hermetisch abzuriegeln. Er kopierte auf den Plakaten mit einem Stoppschild vor Migrantenmassen die Propagandarezepte des ungarischen Regierungschefs, der sogar persönlich auf einer Wahlkundgebung der SDS auftrat. Orbán rief die Slowenen zur Unterstützung Janšas als »Garant für das Überleben des slowenischen Volkes« auf. Laut Zeitungsberichten haben ungarische Firmen aus dem Dunstkreis Orbáns rund 1,4 Millionen Euro in die Print- und elektronischen Medien der SDS investiert.

Die Anziehungskraft ist ungebrochen

Trotzdem konnte Janša keine Regierung bilden, weil alle Gruppierungen in der zersplitterten Parteienlandschaft ihm misstrauten und lieber, so wie 2014, einen linksliberalen Neuling, den Ex-Schauspieler Marjan Šarec, als Ministerpräsidenten einer Minderheitsregierung installierten. Zu seiner Isolierung trugen zweifellos die starke Anlehnung an Viktor Orbáns harte, flüchtlingsfeindliche Rhetorik und der von ihm von US-Präsident Trump übernommene Slogan »Slowenien zuerst« bei.

Seit einem Vierteljahrhundert steht Janša an der Spitze der SDS, die er mehr denn je dominiert. Selbst einer seiner schärfsten Kritiker, der angesehene Soziologe Vlado Miheljak, bezeichnet ihn als »unzerstörbar« und »ausdauernd«. Dass rund um ihn trotz Korruptionsgerüchten und seines scharfen Schwenks nach rechts ein Mythos des starken Mannes mit ungebrochener Anziehungskraft für jeden vierten Wähler entstand, bestätigen auch ausländische Beobachter: »In Ljubljana kann sich kaum einer vorstellen, dass Janez Janša jemals die politische Bühne verlassen wird« (*Der Standard*, 3. Juni 2018). Angesichts seines für viele unfassbaren politischen Beharrungsvermögens bleibt die von Vlado Miheljak ausgesprochene Mahnung vor einer »Orbánisierung« Sloweniens, sollte Janša je an die Macht kommen, weiterhin aktuell. Er wartet nur auf seine nächste Chance, um die von ihm angestrebte »wahre Demokratie« zu verwirklichen.

Handke, Milošević
und der Skandal

Peter Handke ist ein herausragender, 76-jähriger österreichischer Schriftsteller, Slobodan Milošević war Präsident Serbiens und starb als wegen Kriegsverbrechen angeklagter Untersuchungshäftling im Jahr 2006 in einer Gefängniszelle in Den Haag. Zwischen diesen beiden Männern, dem seit Jahrzehnten in der Nähe von Paris lebenden Handke, Sohn einer Kärntner Slowenin und eines deutschen Soldaten, und dem in der Geschichtsschreibung einhellig als für die Jugoslawienkriege hauptverantwortlicher Politiker betrachteten Milošević entstand eine besondere Beziehung, die sowohl in mehreren Büchern Peter Handkes als auch in anderen Publikationen und zahlreichen Zeitungsartikeln Niederschlag gefunden hat.

Warum will ich mich hier mit dieser komplexen Frage beschäftigen, zumal ich Handke und Milošević nie persönlich gesprochen habe und keine engeren persönlichen Beziehungen zur slowenischen Volksgruppe oder zum Serbentum gepflegt habe? Dass ich im Lauf meines Berufslebens zahlreiche slowenische und serbische Intellektuelle kennengelernt habe, hat mit diesem besonderen Fall in der Tat direkt nichts zu tun. Doch ich habe die Gründe für meine Neugier gesucht und gefunden. Je tiefer ich mich in die Recherchen zu den möglichen Beweggründen für Handkes proserbisches Engagement vergrub und je mehr seiner diesbezüglichen Schriften, Erklärun-

gen und Interviews ich las, umso stärker wurde meine Überzeugung, dass Handkes anfängliche, aber tief verwurzelte
Nostalgie nach Jugoslawien, gepaart mit der offenen, wenn
auch häufig wortreich bestrittenen Verteidigung der Serben
im Allgemeinen und von Milošević im Besonderen, nicht
wirklich aufgearbeitet wurde. Angesichts der noch immer
spannungsgeladenen Atmosphäre auf dem Balkan, nicht
zuletzt zwischen den Nachfolgerepubliken des zerfallenen
Jugoslawien, löst aber der heikle Komplex der Verantwortung,
der Frage von Schuld und Unschuld, noch immer leidenschaftliche Debatten aus. Die Kontroversen um Handkes Haltung fügen sich in diesen Rahmen ein. Sie wirken, nicht zuletzt infolge seines Rufes im deutschsprachigen Feuilleton,
aber auch wegen der Unwissenheit der ihn verstehenden, gar
verteidigenden Literaturkritiker in Fragen der südslawischen
Geschichte, unabhängig von ihren ehrenwerten Absichten,
doch eher als Bazillen denn als Impfstoffe bei der Krankheit
des ethnischen Nationalismus.

Meine Beweggründe sind auch allgemeiner Natur. Gerade
weil ich, wie in den Kapiteln über Kroatien, Mazedonien und
Albanien beschrieben, für alle Völker des versunkenen Tito-
Reiches Sympathie empfunden und stets alle Nationalismen,
unter welchem Etikett auch immer, abgelehnt, ja bekämpft
habe, kann ich meine Position als die eines unparteilichen,
aber nicht indifferenten Beobachters vertreten. Dazu kommt
natürlich meine intellektuelle und berufsbedingte Neugier,
gepaart mit der journalistischen Ambition, den Lesern etwas
Neues, Wichtiges, bisher nicht Gesagtes zu bieten. Deswegen
will ich zur Aufarbeitung dieses vernachlässigten Kapitels der
mittel- und südosteuropäischen Zeit- und Kulturgeschichte
beitragen.

In den Fängen der Nostalgie

Die Volksabstimmungen in den einzelnen Teilrepubliken bildeten bekanntlich den Auftakt zum Untergang Jugoslawiens – das erste Referendum fand in Slowenien am 23. Dezember 1990 statt: 88,5 Prozent der stimmberechtigten Bürger Sloweniens stimmten für die Souveränität und Unabhängigkeit ihrer Republik. Es folgten die Unabhängigkeitserklärung am 25. Juni 1991 und der Zehntagekrieg zwischen Slowenien und der jugoslawischen Armee. In dieser Zeitspanne schrieb Peter Handke »in Trauer und Zorn« das Essay »Abschied des Träumers vom Neunten Land«, dessen gekürzte Fassung zuerst Ende Juli 1991 in der *Süddeutschen Zeitung* abgedruckt und im Oktober als schmaler Band bei Suhrkamp herausgegeben wurde.

Dieser Text hat das skandalumwitterte Jugoslawien-Kapitel in Peter Handkes Leben eröffnet und zugleich völlig zu Recht eine einhellig negative Reaktion, vor allem in Slowenien, ausgelöst. Er sehe »keinen Grund, keinen einzigen – nicht einmal den sogenannten ›großserbischen Panzerkommunismus‹ – für den Staat Slowenien«, und ebenso nicht für einen »Staat Kroatien«. Er trauert dem titoistischen Jugoslawien nach und zeiht die Slowenen der »Vertragsverletzung«: So sieht er das »eigenmächtige Abstimmen« und den Austritt aus einem, wie er meint, von den »jugoslawischen Völkern gemeinsam beschlossenen Bundesstaat«.

Mit verächtlicher Herablassung behandelt er die Slowenen, »dieses kindliche Volk«, die sich »launenhaft, eilfertig und trotzigdünkelhaft […] von einem trotz allem wohlbegründeten Jugoslawien« losgesagt hätten, ja zusammen mit der Mehrheit der »nördlichen Völker Jugoslawiens« sich »den Zerfall ihres Staates von außen einreden« hätten lassen. Er sieht keinen »Völkerrechtsbruch«, der es »Slowenien erlaubte, von sich aus, wie es geschah, den historischen Staatsvertrag für nichtig geworden zu erklären«. Wann aber hat es zu diesem Staatsvertrag eine demokratische, freie Abstimmung, vergleichbar mit dem slowenischen Referendum vom Dezember 1990 oder mit den Volksbefragungen in den anderen Teilrepubliken, gegeben? Mit welcher Begründung spricht also Handke von einem »historischen Staatsvertrag«? Handke geht es um subjektive Erfahrung, um eine nostalgische Sicht auf »Pathos« und »Legitimität« des Staates Jugoslawien, um die Erinnerung an »das wirklichste Land in Europa«. Er bewahrt, wie so viele österreichische oder deutsche Touristen, nur erfreuliche Erinnerungen an Land und Leute, an das »sogenannte Tito-Reich«, in dem der Kommunismus fast nur noch Legende, in dem die Praxis in Kultur und Wirtschaft liberal gewesen sei. Wer diese Jugoslawien-Idylle oder Slowenien-Mythisierung in Zweifel zog, wurde von ihm schon damals, wie das »großmäulig-ahnungslose« Nachrichtenmagazin *Der Spiegel* oder die »Finstermännerriege« und die »erfahrungslosen Maulhelden« der *Frankfurter Allgemeinen*, beschimpft.

Die folgenden Jahre der Jugoslawienkriege haben mit aller wünschenswerten Deutlichkeit gezeigt, dass Peter Handke das historische und politische Konfliktpotenzial gewaltig unterschätzt hatte. Bei seinem nostalgischen Jugoslawien-Illusionismus ging es ja nicht um Politik, sondern um sein »Zuhause-Gefühl« in dem Land Slowenien; nirgends auf der Welt habe er sich in seinem Leben als Fremder so zu Hause gefühlt wie in Slowenien, nur hier habe er »Gegenständlichkeit« und »Wirklichkeit« erfahren. Erst in der 2010 veröffentlichten ersten Handke-Biografie (*Meister der Dämmerung*) von Malte Herwig erfahren wir, wie tief die Erinnerungen an Kindheit und Jugend und die Identifikationsfiguren aus der slowenischen Mutterlinie Handkes Seelenheimat geprägt haben, und bekommen Hinweise auf die zu Feindbildern stilisierten Gestalten des leiblichen und des Stiefvaters, die, wie die beiden

Onkel, Wehrmachtssoldaten gewesen waren. »Und wenn es in diesem Jahrhundert in Europa für mich Helden gegeben hat, dann waren das die jugoslawischen Partisanen«, heißt es in seinem Interview mit der *Süddeutschen* vom 15. Mai 1999. Für ihn bedeutet der Widerstand der Kärntner slowenischen Partisanen gegen die Deutschen eine Art Gründungsmythos; die Slowenen, das Volk seiner Mutter, hätten durch den Widerstand gegen Hitler die Ehre Kärntens gerettet, erklärte Handke gegenüber dem *Figaro Littéraire*.

Die Empörung nach einer winterlichen Reise

Diese nur tiefenpsychologisch deutbaren Kindheitserlebnisse und wohl auch mit Albträumen vermischten Jugenderinnerungen könnten möglicherweise erklären, wie es vom eher melancholischen Abschied des Träumers vom Märchenland Slowenien zu den eher aggressiven, vor allem einseitig proserbischen Feststellungen in weiteren Büchern und zu den Freundschaftsbekundungen gegenüber Slobodan Milošević kam. In seiner sehr freundlichen Biografie des Dichters beschäftigt sich Malte Herwig in einem langen Kapitel über Jugoslawien mit der Einsamkeit und der Erinnerung an Slowenien als wiederkehrende Bindungen auch in Handkes literarischen Werken. Verständnisvoll skizziert Herwig, dass mit dem Auseinanderbrechen Jugoslawiens auch Handkes »Innenwelt zusammenzustürzen droht«, dass mit dem Austritt Sloweniens aus der jugoslawischen Föderation und der Orientierung zum Westen hin Handke sein »Mutterkindland« verliere. »Er wird erneut heimatlos.« Hat er doch bereits im Sommer 1964 seinen ersten Roman in einem jugoslawischen Fischerdorf geschrieben. Jugoslawien sei sein Schreibland gewesen. Die Spuren von der Innenwelt des Dichters, dessen letzte Ehe zum Teil wegen seiner Serbien-»Obsession« zerbricht, zur Außenwelt des gleichzeitig zerfallenen Jugoslawien sind in seinem Schlüsselwerk zum Verständnis seiner Persönlichkeit *Mein Jahr in der Niemandsbucht* (1994) zu finden, und vielleicht noch eindeutiger in seinen dem Biografen zur Verfügung gestellten Tagebüchern. Der Biograf zieht die wichtige Schlussfolgerung: Handke fühle sich »seinen Serben, den verkannten, als Kriegsverbrecher geächteten und vertriebenen Menschen«, verwandt. Für ihn sind also nicht die geknechteten und verjagten Kosovo-Albaner oder die Tausenden auf Befehl von General Mladić umgebrachten bosnischen Moslems, sondern die Serben die tragischen Gestalten, weil er sich ja selbst oft genug schuldig fühle. »Was mich angeht, kann ich jetzt sagen, dass ich mich kaum je so stetig und beständig in die Welt, oder das Weltgeschehen, einbezogen? eingespannt? – eingemeindet gefunden habe«, bekennt Handke in seinem zuerst in der *Süddeutschen Zeitung* (5. und 13. Januar 1996) in zwei Teilen als Vorabdruck veröffentlichten Reisebericht über seine Sympathie für die Serben und Serbien: »Gerechtigkeit für Serbien. Eine winterliche Reise zu den Flüssen Donau, Save, Morawa und Drina« (etwas später auch als Buch mit dem Titel *Eine winterliche Reise zu den Flüssen Donau, Save, Morawa und Drina oder Gerechtigkeit für Serbien* veröffentlicht).

Dieser scheinbar impressionistische Reisebericht hat aus zwei Gründen eine noch viel heftigere Kritik ausgelöst als das fünf Jahre zuvor veröffentlichte Essay über den Abschied von Slowenien. Erstens war er eine pauschale und undifferenzierte Parteinahme für die serbische Sache, und zweitens war er vermischt mit jähzornigen Angriffen gegen die internationalen Medien, die »üble Auslandsreporterhorde«, die »nicht bloß hochmütige Chronisten sind, sondern falsche«, und »von ihrem Auslandshochsitz aus auf ihre Weise genauso arge Kriegshunde sind wie jene im Kampfgebiet«. Die *Frankfurter*

Allgemeine Zeitung wurde als das »zentrale europäische Serben-fressblatt« mit seinem »Hassleitartikler« im Stil eines »Scharf-richters« beschimpft, *Le Monde* sei ein »demagogisches Schnüf-felblatt«, und die internationalen Magazine, von *Time* bis *Nouvel Observateur* und *Spiegel*, wurden angeprangert, weil sie »›die Serben‹ durch Reihe und Glied dick und fett als die Böse-wichte ausdrucken und ›die Moslems‹ als die im Großen und Ganzen Guten«. Abgesehen davon, dass es zur Zeit seiner vehementen Philippika gegen angesehene Zeitungen unter den Journalisten bereits 45 Todesopfer der Jugoslawienkriege gab, haben alle seriösen Blätter über die von muslimischen oder kroatischen Einheiten begangenen Morde und Gewalt-taten genauso berichtet und diese ebenso verurteilt wie jene von serbischer Seite. Darüber hinaus haben die Historiker und Kommentatoren nie behauptet, dass »die Serben« allein für Mordanschläge oder Übergriffe verantwortlich gewesen seien. Stets wurden auch der kroatische Staatchef Franjo Tudjman und der muslimische Präsident Alija Izetbegović für ihre nationalistischen Handlungen und Korruptionsaffären öffentlich kritisiert.

Was die Substanz dieses Buches und auch Handkes spä-tere Texte über Jugoslawien oder Serbien betrifft, muss man immer wieder betonen, dass Handke keine Belege, keine ein-zige neue Tatsache für seine erstaunlichen Hypothesen und Verdächtigungen bringt und eine absolute Unkenntnis von den Ereignissen verrät, über die er schreibt. Mein verstorbener Freund, der in Wien ansässige serbische Schriftsteller Milo Dor, nannte Handke einen »ahnungslosen Touristen«. Viel härter reagierten natürlich die direkt betroffenen bosnischen und kosovarischen Schriftsteller auf Handkes literarisch ver-schleierten Zweifel an international verbürgten serbischen Kriegsverbrechen und auf sein beharrliches Schweigen über die allgemein bekannte Größenordnung der albanischen Opfer

im Kosovo und unter den bosnischen Muslimen. So sugge-
riert Handke zum Beispiel subtil Zweifel, ob Dubrovnik »tatsächlich gebombt und zerschossen« worden ist. »Oder nur –
arg genug – episodisch beschossen? Oder lagen die beschos-
senen Objekte außerhalb der dicken Stadtmauern?« Oder er
fragt sich, ob erwiesen sei, dass die beiden Anschläge auf den
Markt von Sarajevo »wirklich die Untat bosnischer Serben
waren?« Auch hat der feinfühlige Dichter für die Ermordung
von 8000 Menschen bei Srebrenica kein einziges Wort übrig,
nur dies: »Und warum statt einer Ursachen-Ausforschung
[…] wieder nichts als der nackte, geile, marktbestimmte Fak-
ten- und Scheinfakten-Verkauf?«

Der bosnische Schriftsteller Dževad Karahasan zerfetzt
Handkes absurden Kollektivierungsversuch der Serben in
einem Beitrag für die *Zeit* vom 16. Februar 1996 am überzeugendsten: »Handkes Kollektivierung moralischer Begriffe wie
Schuld, Verantwortung, Gerechtigkeit verwirren und ängsti-
gen mich und ekeln mich gleichzeitig an. Aber Handkes Versuch, die Verantwortung für Verbrechen, die ganz konkrete
Leute mit Vor- und Nachnamen begangen haben, auf ›die
Serben‹ zu übertragen, um sie dann vor dieser Schuld und
Verantwortung sozusagen in Schutz zu nehmen, ist mindestens monströs. Welcher normale Mensch würde glauben, dass
›die Serben‹ für einen einzigen Mord verantwortlich seien?
(Serben als solche? Serben an sich? Seien wir ernsthaft, Millio-
nenkollektive kann man nicht als ein in sich homogenes Phänomen betrachten, so viel sollte auch ein Literat wissen.) […]
Und welche Serben nimmt Handke in Schutz? Tausende junge
Männer, die ins Ausland geflohen sind, um der Einberufung
zu entgehen? Meinen Freund Bogdan Bogdanović, der aus
seiner Geburtsstadt Belgrad fortging, um Drohungen und De-
mütigungen zu entgehen? Meinen Freund Gavrilo Grahovac,
der während der ganzen Zeit des Krieges in Sarajevo Bücher

veröffentlicht hat? Vor wem nimmt denn Handke die Serben in Schutz? Wer außer Handke würde überhaupt über Serben als solche sprechen? Solche Serben existieren einzig in Handkes und Slobodan Miloševićs Kopf.« Er zieht die Schlussfolgerung: »Betrachtete man diesen Text aus der Perspektive der Moral, müsste man ihn einen der schändlichsten Beiträge von ethischem Nihilismus in unserer Zeit nennen.«

Auszüge aus Handkes Tagebüchern zeigen, wie existenziell der Streit um Serbien für ihn war. Die Kritiker nennt er in seinem Tagebuch »die bösen Papageien, Geierpapageien«. Seine Reizbarkeit und seine aufgestaute Wut richteten sich auf Lesereisen in Wien und Madrid gegen Gesprächspartner. Im Wiener Akademietheater am 18. März 1996 explodierte er nach einer Frage des österreichischen Journalisten Karl Wendl zur Betroffenheit Handkes angesichts des Leidens in Bosnien: »Betroffenheit! Das kann ich schon überhaupt nicht hören. Gehen Sie nach Hause mit Ihrer Betroffenheit, stecken Sie sich die in den Arsch!« (*Standard*, 9. Juni 2006) Auf die Nachfrage, es habe immerhin 300 000 Tote gegeben (Anm.: Laut dem Dokumentationszentrum für Kriegsopfer in Sarajevo sind über 97 000 Personen getötet worden oder gelten als verschollen. Von ihnen sind 65,9 Prozent Bosniaken/Muslime, 25,6 Prozent Serben, 8 Prozent Kroaten), entgegnete der jähzornige Autor brüsk: »Sie sprechen, als ob Sie der Besitzer der 300 000 Toten wären. Als ob Sie der Besitzer des Leides wären. Ihr scheinheiligen Gestalten tut so, als gehört das Leid Euch. […] Habt ihr das im Grundbuch eingetragen, das Leid, oder wie? Jammergestalten! […] Ich rede nicht mit Ihnen, hauen Sie ab.«

Noch ausfälliger wurde Handke in Madrid am 13. Juni 1996 gegen den Journalisten Hermann Tertsch, der ihn fragte, ob er die Berichte über das Massaker bei Srebrenica bezweifle: »Sie sind ein Schurke, Sie sind einer der schlimmsten Kriegshunde, Señor Tertsch. Sie sind ein Demagoge, ein verbrecherischer Journalist. Ihnen wird man nie wieder etwas glauben, und Ihre Zeitung, *El País*, die ich immer noch gerne lese, wird Sie hoffentlich bald entlassen.« (FAZ, 14. Juni 1996) Tertsch war langjähriger angesehener Korrespondent in Mittel- und Osteuropa.

Für Milošević – gegen die NATO

Der dritte Akt im dramatischen Schauspiel um Handke und Serbien wurde durch die Kosovo-Krise 1999 eingeläutet. Nach dem Scheitern der Verhandlungen über die Autonomie für das Kosovo und nach den Massenvertreibungen und Hinrichtungen von Kosovo-Albanern konnte nur durch die Luftangriffe der NATO gegen Jugoslawien eine beispiellose Katastrophe verhindert werden. Im Gegensatz zur fast einhelligen Verurteilung der Vertreibung oder erzwungenen Flucht von über 800 000 Kosovo-Albanern und der Bejahung der NATO-Intervention durch die westeuropäischen Intellektuellen stellte sich Handke sofort auf die Seite der Milošević-Regierung. Wegen der ausbleibenden Distanzierung des Papstes vom Kosovo-Krieg trat Handke aus der römisch-katholischen Kirche aus und zur serbisch-orthodoxen Kirche über. Er hielt sich während des Bombardements zwei Mal für mehrere Tage in Serbien auf.

Am Rande der Kosovo-Verhandlungen im französischen Rambouillet gab Handke im Februar 1999 dem serbischen Staatsfernsehen ein auf Französisch geführtes Interview, in dem er den skandalösen Satz sagte: »Die Serben sind noch größere Opfer als die Juden.« Von den deutschen Medien darauf angesprochen, konnte er zuerst laut eigener Aussage nicht glauben, eine »derartige Dummheit tatsächlich ausgesprochen zu haben«, bis er das Tonband angehört und sich sofort schriftlich korrigiert habe. Diese Richtigstellung – er habe sich auf Französisch verhaspelt – wurde in der FAZ auch veröffentlicht.

Man muss allerdings zwei damals von den Kritikern übersehene Umstände hervorheben. Handke hatte das Interview dem serbischen Staatsfernsehen gewährt, und dort dürfte die in den deutschen Zeitungen veröffentlichte Korrektur kaum gesondert gebracht worden sein. Eher berichteten die Medien des Regimes über Proteste gegen die NATO-Bombardierungen und über die Anwesenheit Handkes während dieser Zeit in Belgrad. Dafür wurde der Dichter von Milošević zum »Ritter der Serbischen Akademie« erkoren. Noch wichtiger scheint mir aber die Tatsache zu sein, dass Handke in einem Interview in dieser Zeit (*Süddeutsche Zeitung*, 15. Mai 1999) das NATO-Bombardement als »das neue Auschwitz« bezeichnet hat: »Damals waren es Gashähne und Genickschusskammern; heute sind es Computer-Killer aus 5000 Meter Höhe.« Angesichts dieses obszönen Vergleichs erscheint seine verspätete Richtigstellung eher als eine hohle Phrase.

Man muss aber bei aller scharfen Kritik an den unannehmbar einseitigen und maßlos übertriebenen Behauptungen Handkes trotzdem immer wieder betonen, dass man natürlich nicht der serbischen Seite die alleinige Schuld für alle Kriegsverbrechen und späteren Menschenrechtsverletzungen zuschieben darf und dass auch von der kroatischen und bosnisch-muslimischen Seite haarsträubende Verbrechen begangen wurden. Der britische Historiker Timothy Garton-Ash hat zu Recht festgestellt: »Die verborgene, unausgesprochene Implikation in seinen Ausführungen ist, dass die Serben im selben Maße Opfer des bosnischen Kriegs waren wie die Bosnier.« Das aber sei, so Ash, »numerisch wie historisch nicht wahr«. (*Süddeutsche Zeitung*, 5. Oktober 2002)

Besuche bei zwei Kriegsverbrechern

Der britische Germanist Robert Weninger stellt in dem Ende 2003 abgeschlossenen Handke-Kapitel seines Sammelbandes *Streitbare Literaten* (2004) fest, dass sich Handke mit seiner Haltung im Kosovo-Konflikt und mit seinem Einsatz für Slobodan Milošević vollends in eine Sackgasse manövriert habe. Fünfzehn Jahre später, auf der Grundlage von Handkes Büchern und der Informationen in der schon zitierten Biografie von Malte Herwig, kann auch ich diesen Befund vollauf bestätigen. Mehr noch, durch seine nachfolgenden öffentlichen Erklärungen für Milošević, vor allem durch seinen Auftritt bei dessen Begräbnis im Jahr 2006 und seine Parteinahme für den nationalistischen serbischen Präsidentschaftskandidaten Tomislav Nikolić 2008 gegen den prowestlichen Amtsinhaber Boris Tadić, hat Handke der Sache der Demokratie in Serbien und der Öffnung des Landes in Richtung des demokratischen Europa einen Bärendienst erwiesen.

Erst aus der Biografie von Malte Herwig bzw. seinen darin zitierten Tagebüchern kann man übrigens erfahren, dass Handke im Dezember 1996 sogar ein in herzlicher Atmosphäre verlaufenes Geheimtreffen mit dem damals schon zur Fahndung ausgeschriebenen und im März 2016 vom UN-Kriegsverbrechertribunal zu 40 Jahren Gefängnis verurteilten bosnischen Serbenführer Radovan Karadžić hatte. Sie haben miteinander Sliwowitz getrunken. »Er hat gewusst, dass ich einer bin, der die Serben nicht so sieht, wie die Monderoberer das sehen.« Die beiden überreichten einander Bücher: Handke gab Karadžić eine Übersetzung der *Winterlichen Reise*, dieser schenkte Handke eine signierte Auswahl seiner Gedichte … Karadžić verschwand nur wenige Wochen nach dem Treffen und tauchte für zwölf Jahre unter, bevor er in Belgrad verhaftet und an das UN-Kriegsverbrechertribunal in Den Haag überstellt wurde.

Die größte Empörung und nahezu einhellige Verdammung der Position Handkes löste sein Auftritt beim Begräbnis von Slobodan Milošević am 18. März 2006 in dessen serbischem Heimatort Požarevac aus. Zum Verständnis dieses merkwürdigen Ereignisses muss man die Vorgeschichte in Erinnerung rufen. Nachdem Handke wiederholt die Legitimation des Kriegsverbrechertribunals in Den Haag infrage gestellt hatte, nominierten ihn im Juni 2004 Miloševićs Strafverteidiger neben 1630 anderen namentlich genannten Personen als Entlastungszeugen für ihren Mandanten. Handke besucht Milošević im Gefängnis, aber einen offiziellen Zeugenbericht für das Gericht lehnt er ab. Stattdessen verbrachte er drei Stunden mit Milošević in dessen Büro im Gefängnis und verfasste für die Zeitschrift *Literaturen* (7 / 8 2005) einen »Umwegzeugenbericht zum Prozeß gegen Slobodan Milošević«, der als Sonderdruck mit dem Titel *Die Tablas von Daimiel* von Suhrkamp herausgegeben wurde. Handke wollte »die tiefere Wahrheit der Geschehnisse ergründen«. Immer wieder verurteilte er das Internationale Tribunal als »illegitimes Instrument der Siegerjustiz«, als »das falsche Gericht«, »das zur Wahrheitsfindung kein Jota beiträgt«. Milošević hat während Handkes Besuch fast die ganze Zeit einen Monolog geführt und vor allem seine beiden Reden auf dem Amselfeld im April 1987 und Juni 1989 in Erinnerung gerufen und gerechtfertigt; berüchtigte Reden übrigens, die jeweils als Fanal für die Zuspitzung des serbischen Nationalismus wirkten und eigentliche Weichen für den Zusammenbruch des Vielvölkerstaates stellten. Doch für Handke war Milošević »eine tragische Person«, beinahe ein Opfer einer in Gang gekommenen »Höllenmaschine«, welche dann »weiter und stärker außengesteuert wurde«. Zu Recht zog der frühere Balkan-Korrespondent der FAZ, Matthias Rüb, in seinem Kommentar »Besuch bei Slobodan« (22. Juni 2005) die Schlussfolgerung, für Handke komme Milošević »als möglicher Täter und Anstifter offenbar nicht in Betracht, und seine tiefere historische Wahrheit kennt auch in seinem jüngsten Umweg-Reisebericht fast ausschließlich Serben als Opfer«.

Grabrede als Zündstoff

Als Milošević am Morgen des 11. März 2006 nach einem Herzinfarkt tot in seiner Zelle aufgefunden wird, erhält Handke einen Anruf von dessen Familie. Ob er nicht am Begräbnis in Miloševićs Geburtsstadt teilnehmen wolle. Handke rechtfertigt seine Rede beim Begräbnis wiederholt mit seiner Empörung über die »dreckige, vorgestanzte Sprache« in den Berichten über »den Schlächter des Balkans« oder den »Totengräber Jugoslawiens«, die »das Wort Sprache nicht verdient – da muss man doch versuchen, eine andere Sprache zu finden. Und deswegen bin ich dann letzten Endes hingefahren« (*News*, 23. März 2006). Laut einer Rückübersetzung Handkes sagte er vor mehreren Zehntausend Trauergästen (nach einer kurzen Einleitung auf Deutsch) auf Serbokroatisch wörtlich: »Die Welt, die sogenannte Welt, weiß alles über Jugoslawien, Serbien. Die Welt, die sogenannte Welt, weiß alles über Slobodan Milošević. Die sogenannte Welt weiß die Wahrheit. Deswegen ist die sogenannte Welt heute abwesend, und nicht bloß heute, und nicht bloß hier. Ich weiß, dass ich nichts weiß. Ich weiß die Wahrheit nicht. Aber ich schaue. Ich höre. Ich fühle. Ich erinnere mich. Deswegen bin ich heute anwesend, nah an Jugoslawien, nah an Serbien, nah an Slobodan Milošević.« (*Focus*, 13/2006)

Dreieinhalb Jahre später sagt er seinem Biografen Malte Herwig, dass für ihn die Trauerfeier ein Schlüsselerlebnis gewesen sei. Ein Staatsbegräbnis im doppelten Sinn: Hier sei auch sein Jugoslawien zu Grabe getragen worden. Anders sah das die Weltöffentlichkeit. Aus Protest wurde ein Stück von ihm vom Spielplan der Comédie-Française abgesetzt, und der ihm verliehene, mit 50.000 Euro dotierte Heine-Preis der Stadt Düsseldorf löste einen so erbitterten Streit aus, dass Handke schließlich auf den Preis verzichtete.

In einer ganzen Reihe von Interviews versuchte Handke nach der internationalen Empörung, seine vehemente Parteinahme für Serbien und sein kühles Ignorieren der bosnischen, albanischen und kroatischen Opfer nachträglich abzuschwächen. Zugleich bemühte er sich, die Aufmerksamkeit von seiner so demonstrativen Nähe zum serbischen Brandstifter durch eine poetische Symbolsprache über geteilte Schuld und ein Plädoyer für die Mäßigung der Sprache abzulenken. Symbolträchtig ist sein Interview mit der *Süddeutschen Zeitung* am 26. November 2010, vier Jahre nach dem Begräbnis Miloševićs, aus Anlass der Nachricht, dass er Ende 1996 den bereits per Haftbefehl gesuchten Karadžić besucht hatte. Er moniert, »wie falsch die Frage nach der Schuld oft ist, vor allem, wenn es um so komplizierte Dinge geht wie um das Zusammenleben von Völkern«. »Die Frage nach der Schuld teilt die Welt, sie lässt keinen Platz mehr für das Fragen nach Gründen, für das Land, für die Leute, sie löst alles auf in einen Reiz und eine Reaktion und kennt nichts dazwischen, sie weiß nichts vom Recht im Unrecht und vom Unrecht im Recht. Das ist so schwierig, dem kann man nur durch die Fiktion gerecht werden, es geht nicht historisch oder journalistisch.« Die »absurde Geschichte« von seinem Besuch beim bosnisch-serbischen Kriegsverbrecher Karadžić erklärt Handke mit seinem »Wunsch nach einem höheren Maß an Wahrhaftigkeit, über die Schuldzuweisungen hinaus, und das schließt den Politiker ein«. Dann verstrickt er sich selber in Widersprüche mit dem Hinweis, dass ein Politiker vor allem deshalb bereit sei, einen Schriftsteller zu treffen, weil er »sein Bild für die Nachwelt organisieren will«. Dann zieht Handke eine Parallele zwischen seinem Treffen mit

Bruno Kreisky und den Begegnungen mit Milošević und Karadžić, als sie alle keine Macht mehr hatten. Ein unglaublicher Vergleich einer Ikone der Sozialdemokratie mit zwei diktatorischen Brandstiftern des Balkans! Noch dazu verbrämt er diese haarsträubende Aussage mit »etwas von Shakespeare, der Anblick von Macht im Augenblick ihrer Auflösung«. Als ob der Rücktritt eines bei fünf Wahlen siegreichen demokratischen Staatsmanns etwas mit dem Sturz der beiden finsteren Figuren zu tun hätte. Darüber hinaus, stellt er abgehoben fest, »bei all den ›Experten‹; die über das zerfallene Jugoslawien reden«, könne er »diese Wahrhaftigkeit nicht finden«, schon das Wort »Balkanexperte« gehöre zu seiner »Schimpfwörterlitanei«.

Den wohl glaubwürdigsten und zugleich persönlichsten Angriff richtete die bekannte serbische Schriftstellerin und Autorin Biljana Srbljanović in ihrem im *Standard* (9. Juni 2006) abgedruckten Artikel gegen den Auftritt Handkes bei Miloševićs Begräbnis, als Antwort auf die Frage: »Was geht einer Autorin durch den Kopf, die jahrelang unter dem Milošević-Regime gelebt und gelitten hat, wenn sie liest, wie Peter Handke auf die Vorwürfe seiner Kritiker reagiert?« Dieser hatte im *Standard* vom 2. Juni 2006 zu den Vorwürfen seiner Kritiker – »Am Ende ist fast nichts mehr zu verstehen« – Stellung genommen. Biljana Srbljanović: »Milošević ist nicht als Präsident Serbiens gestorben, sondern als gestürzter Diktator, der, nachdem er den Wählerwillen des eigenen Volkes nicht anerkennen wollte, mit Gewalt von der Macht entfernt, nicht lange danach verhaftet und dem Internationalen Gericht für Kriegsverbrechen ausgeliefert wurde [...] Milošević ist nicht Serbien, weder metaphorisch, noch buchstäblich. Er ist der Schandfleck auf dem Gewissen meines Landes, der für ewig bleiben wird [...] Am Begräbnis teilgenommen haben die Reste eines brutalen Regimes, Kriegsgewinnler und Kriegshetzer, russische stalinistische Generäle, Protagonisten einer für zahllose Verbrechen verantwortlichen Halbwelt. […] Miloševićs Witwe, Mira Marković, ist […] ein Flüchtling vor der internationalen Gerechtigkeit, die das gestohlene Diebesgut, von allen Gesetzen geschützt, in Putins Russland verprasst und dabei dem eigenen Volk ins Gesicht lacht […] Wenn wir über die bosnischen Flüchtlinge in Serbien, dem Serbien unter Milošević, reden wollen und Handke behauptet, dass es diese mit offenen Armen empfangen habe, so ist das einfach nicht wahr. Moslems sind gekidnappt und ermordet worden mitten in Serbien unter dem Kommando Miloševićs, seiner Armee und seiner Polizei. […] [An seinem] Begräbnis hätte man auf gar keinen Fall teilnehmen dürfen […] Handke versteht Serbien eigentlich überhaupt nicht, er kann die Sprache nicht, er kennt die Sitten nicht, er hat keine Ahnung von der Wirklichkeit, er weiß nicht, was es bedeutet, mit dem Stempel der in deinem Namen begangenen Verbrechen zu leben. Er weiß nicht, was es heißt, gegen die Scham anzukämpfen.«

Auch der international angesehene serbische Schriftsteller Bora Ćosić (geboren 1932) lehnte in einem Artikel Handke mit beißendem Spott als »falschen Anwalt für Serbien« ab. Handke hatte »gewaltigen Erfolg«, weil es ihm gelang, »viele Serben davon zu überzeugen, dass ihre Landsleute keine Verbrecher seien, sondern Opfer einer wohlüberlegten Weltverschwörung. Dieser Dichter steht heute allerdings wegen falscher Darstellung vor dem Gericht der europäischen Öffentlichkeit. Weil sich herausgestellt hat, dass den Heine-Preis für Völkerverständigung ein Lügner bekommen würde.« Handke sei »ein Mann mit völlig falschen Anschauungen von der aktuellen Politik […] Es ist, als amnestiere man damit das ganze Grauen der Gewaltherrschaft in Serbien in den letzten Jahrzehnten. […] Wenn jemand Gerechtigkeit für Handke fordert, muss er zuerst Gerechtigkeit für Serbien fordern, um es vor falschen Anwälten zu schützen. Denn wie er dieses Land vertritt, ist beleidigend. Serbien ist kein bedürftiges Gebiet voll armer, dumpfer und rückständiger Leute, sondern eine Gegend, die der Welt in den letzten hundert Jahren ihre Dichter, ihre avantgardistische Kunst und ihre geistvollen Persönlichkeiten geschenkt hat. Es gibt dort viele offene Gegner des Regimes, es ist genau das Land, auf das sich auch die junge Autorin Biljana Srbljanović beruft. Dieses andere Serbien müsste vor dem heutigen Ehrengericht, vor dem Peter Handke steht, in den Zeugenstand treten.« (*Der Tagesspiegel*, 3. Juni 2006)

Handke hat den Aufschrei der serbischen Autorin und den Angriff von Ćosić ignoriert, wenn er auch zum Beispiel in *Die Kuckucke von Velika Hoča*, 2009, über eine im Kosovo verbrachte Woche distanzierter formuliert, freilich auch diesmal ohne ein Zeichen der Reue, ohne die Kriegsverbrechen von Serben an Albanern oder die Massaker in der Umgebung des Dorfes in der poetischen Schilderung seiner Wanderungen zu erwähnen. Selbst in dem 2015 veröffentlichten Sammelband *Tage und Werke* werden die von Srbljanović und Ćosić kritisierten Aussagen Handkes unverändert und ohne Hinweis auf die serbischen Kritiker abgedruckt. All das, was in den Jahren nach dem Milošević-Begräbnis geschah, bestätigte ihr Urteil: »Peter Handkes Erscheinen beim Begräbnis in Serbien heißen nur Kriegshetzer, die überlebt haben, laut willkommen, jene, die glauben, er habe mutig dafür gekämpft, zu beweisen, dass die Serben keine Verbrechen begangen haben.«

Fragwürdige Ehrungen

So erhielt Handke fünf Jahre nach seiner bereits erwähnten öffentlichen Parteinahme für den ultranationalistischen Politiker Tomislav Nikolić im Vorfeld der serbischen Präsidentenwahlen 2008 von dem inzwischen zum Präsidenten gewählten

Freund im April 2013 die »Goldene Verdienstmedaille Serbiens«, zwei Jahre danach wurde er sogar Ehrenbürger Belgrads. Inzwischen gibt es sogar einen Amateur-Germanisten, den kaufmännischen Angestellten und Blogger Lothar Struck, der als Handke-Experte und Bewunderer in seinem Buch mit 600 Fußnoten, *Der mit seinem Jugoslawien* (2012), versucht, Handkes Engagement »verstehbar und erklärbar« zu machen. Ohne den dichterischen Rang und die literarische Bedeutung Peter Handkes – dessen konsequent antifaschistische Haltung ich hoch schätze – anzuzweifeln, teile ich die Meinung des Bonner Germanisten, Universitätsprofessor Jürgen Brokoff: Es sei »eine Verharmlosung, Handke für seine vermeintlich naiven politischen Stellungnahmen zu kritisieren« (FAZ, 15. Juli 2010).

Nachdem ich, wie von Handke seinerzeit gewünscht, alle seine Berichte, Stücke etc. zu Jugoslawien fast Wort für Wort gelesen habe, muss ich Brokoff recht geben: »Die textstrategisch äußerst geschickten Anleihen bei der Sprache des serbischen Nationalismus, seine antimuslimischen und antialbanischen Insinuationen auf der symbolischen Ebene und seine Verhöhnung der muslimischen Opfer des Bosnien-Krieges machen [es] deutlich, […] dass von einem Autor solchen Ranges wie Handke eine Gefahr ausgehen kann. Seine auf vermeintliche Nebensächlichkeiten ausweichende, literarische Mittel einsetzende Ideologie gehört, gerade weil sie so subtil verfährt, zu den problematischsten Entgleisungen eines deutschsprachigen Autors nach dem Zweiten Weltkrieg. Dass diese Ideologie nicht nur neben einem – fraglos bedeutenden – Werk existiert, sondern tief in dieses Werk hineinragt, sollte ein Anlass zur Beunruhigung sein.«

Professor Brokoff dürfte an die Leser vom Fach, also an Literaturkritiker und Wissenschaftler, gedacht haben, als er sie 2010 dazu aufrief, sich der Handke-Problematik bewusst zu werden. Handke selbst dürfte seine Haltung in keiner Weise geändert haben. So erklärte er bei der Entgegennahme der »Goldenen Verdienstmedaille Serbiens« vom Staatspräsidenten: »Ich habe nie gelitten wegen meines Eintretens für Serbien. Ich bin jedes Mal bereichert worden.« Laut dem ORF-Radio-Abendjournal (8. April 2013) fügte er noch hinzu, das jugoslawische und serbische Problem hätten ihn innerlich reich gemacht.

Ich bin nicht der Ansicht, dass Handkes Einstellung zur Jugoslawienfrage, wie manche meinen, mit der Zeit in einem verständnisvolleren Licht gesehen werden würde. Ohne die geringste Unterschätzung der von Kroaten und Bosniern, Albanern und Slowenen begangenen Verbrechen während der Jugoslawienkriege teile ich die Meinung aller bedeutenden Zeithistoriker und Journalisten, dass für das Blutvergießen in diesen Kriegen in erster Linie das Dreigestirn Milošević/ Karadžić/Mladić die Hauptverantwortung trägt. »Die begangenen Verbrechen zählen zu den abscheulichsten, die der Menschheit bekannt sind, und schließen Völkermord und Ausrottung als Verbrechen gegen die Menschheit ein«, hieß es im November 2017 im Urteil des UN-Tribunals für das ehemalige Jugoslawien in Den Haag, bevor die Richter Ratko Mladić, den Oberbefehlshaber der Armee der bosnischen Serben, zu lebenslanger Haft verurteilten. Der bosnische Serbenpräsident Radovan Karadžić wurde im März 2016 für die gleichen Verbrechen zu 40 Jahren Haft verurteilt, 2019 wurde das Strafmaß auf lebenslänglich verschärft. Die Urteile wurden nach jahrelanger Arbeit und fast 600 Zeugenaussagen gefällt.

All das ändert kein Jota daran, dass die Serben als Nation ebenso zu den Opfern und Verlierern gehören wie die anderen Volksgruppen im ehemaligen Jugoslawien. Wenn überhaupt, so kann nur nach Jahrzehnten mit einer Versöhnung zwischen den Individuen und den Nationen gerechnet werden.

Der Skandal nach dem Auftritt der rumäniendeutschen Nobelpreisträgerin für Literatur, Herta Müller, als Ehrengast bei der Belgrader Buchmesse 2017 war sehr aufschlussreich. Sie hatte sich seinerzeit für den Kosovo-Krieg und die NATO-Intervention gegen das Jugoslawien von Slobodan Milošević ausgesprochen: »Wer in neun Jahren vier Kriege führt, wer so pragmatisch Friedhöfe macht, wie andere Straßen bauen, wer das Morden so gewohnt ist, wie ein Glas Wasser zu trinken, der ist durch Worte nicht zu erreichen.« (FAZ, 28. Oktober 2017) Ihre Worte gegen den Nationalismus, die Rolle der orthodoxen Kirche und Wladimir Putin lösten in den serbischen Medien eine Welle der Empörung aus.

Die mutige Vorsitzende des serbischen Helsinki-Komitees für Menschenrechte, Sonja Biserko, war eine der wenigen, die die allgemeine Entrüstung nicht teilten. »Statt sich von seinem Regime zu distanzieren, wird Milošević rehabilitiert und als größter serbischer Politiker gefeiert. Die Gesellschaft ist nicht bereit, sich mit den nackten Tatsachen abzufinden.« (*TAZ*, 30. Oktober 2017)

Herta Müller, die am eigenen Leib eine Diktatur samt Unterdrückung der Minderheit hautnah erleben musste, mag mit ihrem Mut eine Ausnahme sein. Auch der junge, in Wien lebende serbische Autor Marko Dinić verurteilt Handke, der von der Tagespolitik keine Ahnung habe. »Dass er eine Wahlempfehlung für den Chauvinisten Tomislav Nikolić [Präsident Serbiens 2012–2017] aussprach, kann ich ihm nicht verzeihen. Nikolić ist ein Rassist, Muslim- und Menschenhasser.« (Anzeiger 5/2019) Je bedeutender aber ein Schriftsteller oder ein Künstler ist, umso größer ist seine (oder ihre) Verantwortung. Das gilt nach wie vor auch für den begnadeten österreichischen Autor Peter Handke.

Deshalb muss man zum Abschluss dieses Kapitels noch das unglaubliche Interview mit Peter Handke in der *Zeit* (25. April 2019) anlässlich des Brandes von Notre-Dame als traurigen Beweis für seine unveränderte Haltung anführen. Mit unfassbarem moralischem Hochmut beschimpft er Deutschland und Österreich, namentlich den französischen Präsidenten Mitterrand und den deutschen Bundeskanzler Kohl (»diese zwei Pflaumen, diese Nichtsnutze«), für die Anerkennung Kroatiens, Sloweniens und Bosnien-Herzegowinas, »was völliger Wahnsinn war«, und weiter: »Ohne Mitterrand wäre es nie zu diesen Massakern überall gekommen.« Aber Milošević »war eine tragische Figur. […] Man kann von einem Milošević nicht verlangen, dass er als der Gandhi des Balkans auftritt.«

Im Garten seines Landhauses, eine Autostunde von Paris entfernt, konnte Handke in seiner Hybris auch über die französische Politik schwelgen: Macron habe zwar keine Sprache, doch sei er keine üble Gestalt. Doch die »beiden Pflaumen vor ihm«, Sarkozy und Hollande, seien »sinnlose Gestalten«. Der mit großem Respekt befragte Schriftsteller doziert in ähnlichem Stil über die Verantwortung für den Ersten Weltkrieg, die Zusammenstöße mit den »Gelbwesten« und darüber, dass, wenn der Petersdom zerstört worden wäre, »das hätte mir nichts bedeutet«. Um auf den Jugoslawienkrieg zurückzukommen, muss man noch den von ihm geglaubten Schlüsselsatz zitieren: »Der größte Skandal in der Geschichte der Nachkriegszeit ist das, was man mit Jugoslawien gemacht hat.« Und von sich selbst sagt Handke ohne einen Anflug von Zweifeln: »Aber ich war ja kompetent. Ich hab was Kompetentes gesagt von A bis Z.«

Handkes Verhalten nach den Kriegsverbrecherprozessen, den Zeugenaussagen und der Flut von Büchern unabhängiger Beobachter über die jugoslawische Tragödie schadet gerade wegen des internationalen Ansehens des Schriftstellers nicht nur dem Ruf Handkes, sondern auch der nach wie vor so schwierigen Suche nach Verständigung zwischen den Volksgruppen und Menschen im versunkenen Jugoslawien.

Die Metamorphose
des Václav Klaus

Annus mirabilis, das Jahr der Wunder, nannte man 1989. Wer erinnert sich heute, in unserer schnelllebigen Zeit, noch daran, dass damals von Budapest und Moskau bis Prag und Bukarest Ereignisse stattfanden, die man einige Monate oder Jahre zuvor noch für völlig undenkbar gehalten hätte? Wir haben immer wieder Lehrstunden hinsichtlich der Unvorhersehbarkeit historischer Entwicklungen bekommen. Scheinbar gefestigte kommunistische Diktaturen brachen plötzlich wie Kartenhäuser zusammen. Dass der ORF damals durch seine Korrespondenten und Redakteure eine auch im europäischen Maßstab herausragende Rolle bei der Information und Aufklärung der Öffentlichkeit über Osteuropa gespielt hat, war in erster Linie dem Mut des langjährigen Generalintendanten Gerd Bacher zu verdanken.

In diesen Rahmen fügten sich die »Oststudio«-TV-Sendungen (seit 1990 in »Europastudio« umbenannt), stets mit profilierten Teilnehmern aus Ost und West. Rund 50 Sendungen habe ich, immer um 11 Uhr am Sonntagvormittag, auf dem Sendeplatz der »Pressestunde« vorbereitet und moderiert. Im Rückblick erkennt man die besondere Bedeutung der Sendung vom 12. November 1989, gerade auch zur Illustration des Wandels einer bedeutenden Persönlichkeit. Die Sendung fand inmitten der spannenden Zeit des zerfallenden Ostblocks statt. Bereits die Nachrichten im Vorspann, vorgelesen vom dienst-

habenden Redakteur, spiegelten die internationalen Turbulenzen: »Die DDR will mehr Grenzübergänge errichten;
Gorbatschow bestätigt, dass die UdSSR die Grenzöffnungen
billigt; in Deutschland diskutiert man über die Wiedervereinigung, aber mit innenpolitischer Kritik an Kohl, dass dieser zu
schnell zu viele Reformen verlange (er wird der Insensibilität
beschuldigt); Serbien wählt in geheimer Wahl den Präsidenten,
Favorit ist Slobodan Milošević; Moskau schickt Sondertruppen
nach Moldawien, um die Nationalitätenunruhen in den Griff
zu bekommen; in Berlin haben beide Bürgermeister einen neuen
Grenzübergang eröffnet.«

Über das Generalthema – »Von der Wende zum Ende? Sys-
temkrise im Osten« – diskutierten unter anderem die slowenische Soziologin Katja Boh, der Herausgeber einer bis vor
Kurzem illegalen ungarischen Zeitschrift, Ferenc Kőszeg, ein
österreichischer Völkerrechtler und ein deutscher Publizist.
Der interessanteste Teilnehmer für mich war aber ein völlig
unbekannter Nationalökonom aus Prag. Er hieß Václav Klaus.
Die Tschechoslowakei galt als Bastion der Linientreue, und es
war praktisch unmöglich gewesen, einen Teilnehmer aus dem
seit der Invasion der Warschauer-Pakt-Truppen im August
1968 geknebelten Land einzuladen, der nicht Propagandist
des kommunistischen Regimes war und trotzdem ausreisen
durfte. Deshalb war ich sehr froh, als wir Anfang November
hörten, dass der fließend Deutsch sprechende Václav Klaus an
der Universität in Linz soeben einen Vortrag gehalten habe
und bereit sei, auch im ORF-»Oststudio« aufzutreten.

Nach der Sendung charakterisierte Kurt Vorhofer in der
Grazer *Kleinen Zeitung* Klaus als einen »akademischen Schwejk«,
der Dinge, auf die es ankomme, mehr zwischen den Zeilen
sage, zumal er auf die noch stark vereisten Zustände in seinem
Land Bedacht nehmen müsse. Auch 29 Jahre später muss ich
ihm recht geben. Umständlich und zurückhaltend erklärte

Klaus, wie schwer und kompliziert es sei, Prognosen über die Chancen für echte Reformen in seiner Heimat abzugeben, obwohl er selbst im Institut für Prognostik beschäftigt sei. Weder kritisierte noch verteidigte er das kommunistische Regime offen. Die Wirtschaftsreformen entwickelten sich zwar sehr langsam, aber es gebe eine Dynamik in der Wirtschaft. Er könne jedenfalls, obwohl selbst im Institut der Prognosen beschäftigt, keine Voraussagen machen. Im Rückblick ist es offensichtlich, dass wir ihn angesichts der labilen Lage in seiner Heimat bei der Diskussion wie ein rohes Ei behandelt haben.

Ein schwindelerregender Aufstieg

Knapp zwei Wochen nach der Sendung war der Umbruch auch in der Tschechoslowakei in vollem Gang. Der TV-Sender CNN lieferte Liveberichte über die spannenden Verhandlungen, auch aus der »Laterna Magika«, dem Theater, von dessen Garderobe aus Václav Havel die Revolution am Anfang leitete. Verblüfft entdeckten wir bald neben Havel, auf der Seite des »Bürgerforums« sitzend, unseren so vorsichtigen Diskutanten. Heute wissen wir, vor allem aus den umfassenden Havel-Biografien von Daniel Kaiser (2017) und von Michael Žantovský (2014), dass sich die beiden später bedeutendsten Persönlichkeiten in der postkommunistischen tschechischen Geschichte vor dem Umschwung im November 1989 nie getroffen hatten. Da die engere Gruppe um Havel keine bekannten Ökonomen aufwies, wurde der damals 48-jährige Finanzexperte, der keine engeren Kontakte zu der vom kommunistischen Regime unbarmherzig verfolgten Bürgerrechtsbewegung hatte, nur eine Woche nach ihrer ersten Begegnung von Havel in das Verhandlungsteam über den Regierungswechsel aufgenommen. Bald danach wurde er, auf Vorschlag Havels, des späteren

Präsidenten, zum Finanzminister der ersten Wenderegierung der Tschechoslowakei bestellt – eine geradezu unfassbare Karriere. Nicht einmal vier Wochen nach seinem Auftritt im ORF schaffte er den gewaltigen Sprung in die Schaltzentrale des neuen Machtgefüges.

Der »akademische Schwejk« entpuppte sich bald als ein von unbändigem Ehrgeiz getriebenes, großes politisches Talent. Er gehörte bereits im März 1990 laut Umfragen zu den drei populärsten Politikern des Landes. Mit einem Schlag wurde er neben Havel bald das markanteste Gesicht der neuen Zeit und der auch international beachtete Hauptarchitekt der wirtschaftlichen Transformation unter dem populären Schlagwort einer »Marktwirtschaft ohne Adjektive«. Bei den Wahlen 1990 und 1992 gewann er die meisten Vorzugsstimmen. Auch in diesen Jahren konnte ich den atemberaubenden Aufstieg der beiden Václavs – Havel und Klaus – und ihre jahrelangen, bitteren Streitigkeiten beobachten. Es würde den Rahmen dieser Erinnerungen sprengen, wenn ich Vermutungen darüber anstellen würde, in welchem Maße die schon sehr früh entstandenen gegenseitigen, auch von Eitelkeit und Neid geprägten Aversionen den tatsächlichen politischen Konflikt mitbestimmt haben.

Trotz Vorbesprechungen zu Interviews und Begegnungen bei internationalen Veranstaltungen mit ihm hatte ich in den 1990er-Jahren natürlich keine Ahnung davon, dass Václav Havel bereits im Juni 1990, unter dem Einfluss der Beschwerden seiner langjährigen Wegbegleiter über die Arroganz und das Machtstreben von Klaus, den populären Finanzminister auf den Posten des Gouverneurs der Zentralbank abschieben wollte. Als Havel ihm das mitteilte, erwiderte Klaus, das wäre für die Tschechoslowakei eine Katastrophe, weil die gesamte Wirtschaftsreform mit seinem Namen verbunden sei. Aufgrund seiner bekannten Abneigung gegen die offene Austragung persönlicher Konflikte wich Havel rasch zurück. Er selbst schrieb in seinen Erinnerungen (2007), das »war wohl der größte politische Fehler, den ich je begangen habe. Er begann nämlich ab diesem Moment, mich zu hassen.« Jedenfalls setzte Klaus seine Bemühungen, eine starke Politikerpersönlichkeit zu verkörpern, unbeirrt von solchen »Irritationen«, mit »Fleiß, Geschick und unauffälliger Skrupellosigkeit fort« (so Havel wörtlich zu einem seiner Biografen).

Begegnungen in den frühen 1990er-Jahren

Ich habe den Aufstieg, aber auch den Wandel der Persönlichkeit dieses bedeutenden und wohl umstrittensten Politikers der tschechischen Geschichte seit dem Zusammenbruch des kommunistischen Regimes nicht nur aus der Ferne im Spiegel der Berichterstattung verfolgt. Klaus stand seit der Wende fast 25 Jahre ununterbrochen auf der politischen Bühne. Zunächst als Finanzminister, dann als Ministerpräsident, als Parlamentspräsident und zwischen 2003 und 2013 als Staatsoberhaupt. In diesen Jahren, aber auch später während seiner hektischen Aktivitäten als wortgewaltiger Prediger gegen die europäische Integration und gegen den liberalen Zeitgeist, habe ich ihn von Zeit zu Zeit aus der Nähe erlebt. Mit Ausnahme des späteren Außenministers Karel Schwarzenberg habe ich mit keinem tschechischen Politiker so häufige und lange Zeit so freundliche Kontakte gepflegt wie mit Václav Klaus.

Unvergesslich war unser erster gemeinsamer Auftritt bei einer Konferenz an der St. Gallener Universität, als Klaus wegen eines großen Loches in seiner Schuhsohle unseren Spaziergang zur Veranstaltung jäh unterbrechen musste und wir für ihn zusammen neue Schuhe in einem traditionellen »Bata«-Schuhgeschäft kauften. Die biedere Verkäuferin hatte natürlich keine Ahnung von der reizvollen Pointe, dass ihr Kunde der tschechische Finanzminister war, der in einer Schweizer Filiale Schuhe der berühmten Schuhmarke mit tschechischen Wurzeln kaufte.

Beim Frühstück spottete der Minister (noch) nicht über den später so verhassten Präsidenten, sondern in erster Linie über den linksgerichteten Vizepremier Valtr Komárek, seinen formalen Chef. Mit diesem hatte Václav Klaus zwischen 1987 und 1989, wie übrigens auch mit anderen späteren Regierungsmitgliedern, unter anderem dem gegenwärtigen Staatspräsidenten Miloš Zeman, am Prager Institut für Wirtschaftsprognosen der Tschechoslowakischen Akademie der Wissenschaften zusammengearbeitet. Diesem Institut haben tschechische Medien nach der Wende enge Beziehungen zum sowjetischen Regime unterstellt. Die periodisch auftauchenden Gerüchte über das Institut hingen wohl auch damit zusammen, dass der erfolgreiche tschechische Spion des sowjetischen Geheimdienstes in den USA, Karel František Koecher, nach seinem Austausch für den berühmten russisch-jüdischen Dissidenten Natan Scharanski 1986 in diesem Institut Unterschlupf gefunden hatte.

Wie dem auch sei, Klaus setzte nach unserer Begegnung in St. Gallen seinen rasanten politischen Aufstieg fort. Bereits im Oktober 1990 wurde er zum Vorsitzenden des »Bürgerforums« gewählt. In dieser Funktion organisierte er einige Monate später die Aufspaltung des Forums in politische Parteien und rückte im April 1991 zum Vorsitzenden der Bürgerlichen Demokratischen Partei (ODS) auf. Zu dieser Zeit hatten die Zuschauer des ORF-»Oststudios« nach knapp anderthalb Jahren wieder die Gelegenheit, einen zweiten, aber ganz anderen Auftritt des tschechischen Nationalökonomen in der inzwischen zu »Europastudio« umbenannten Diskussionssendung zu sehen. Für mich als Moderator war es jedenfalls faszinierend, den »akademischen Schwejk« jetzt als selbstbewussten, offensiv argumentierenden Politiker mit Sachverstand zu beobachten. Mit großem Selbstvertrauen erläuterte Klaus, Symbol und bereits international bewunderter Einpeitscher und Architekt der marktwirtschaftlichen Reformen, vor allem die Vorteile der umstrittenen Couponprivatisierung, bei der die Umwandlung von Staatseigentum in Privateigentum über die Ausgabe von Coupons an die Bürger des Landes erfolgte. Mit einem Anflug von Arroganz wischte er die vorsichtigen Bedenken des polnischen Ökonomen Kazimierz Łaski indirekt als »soziale Agitation gegen den einzigen Weg zur Deregulierung und zur Marktwirtschaft« vom Tisch.

Erst im Lauf der folgenden Jahre hat man auch die Schattenseiten des schwungvollen neoliberalen Kurses (wie zum Beispiel das Ansteigen der Arbeitslosigkeit zwischen 1993 und 1996 von 3,5 auf 9,6 Prozent) beobachten können. Vor allem die abstoßenden Begleiterscheinungen wie Bestechung und Betrug bei der Bewertung und dem Verkauf von Firmen lösten mediale Empörung aus. So hatte zum Beispiel der Fall von Viktor Kožený auch international Aufsehen erregt. Dieser Harvard-Absolvent kaufte mit seinem Fonds über eine Million Coupons auf und setzte sich mit einem geschätzten Vermögen von rund 200 Millionen Dollar auf die Bahamas ab.

Damals, während unserer »Europastudio«-Diskussion, schien der Optimismus des erfolgreichen Finanzministers völlig berechtigt zu sein. Meiner Frage nach den Chancen seiner Liste bei den nächsten Wahlen wich er mit einem bescheidenen Lächeln aus. Im Jahr 1992 wurde Klaus zum Ministerpräsidenten der Tschechischen Republik (dem letzten im Rahmen der tschechoslowakischen Föderation) gewählt.

Mit diesem Jahr ging die Ära Havel im Sinne der entscheidenden politischen Schaffenskraft (nicht in dem der Symbolpolitik) zu Ende, und es begann im unabhängigen tschechischen

Staat die Ära Klaus. Die Analyse dieser Jahre würde freilich den Rahmen dieses Rückblicks sprengen. Nur so viel: Mit seinem Namen untrennbar verbunden bleibt nicht nur die aufregende Zeit des wirtschaftlichen Umbruchs, sondern auch – im krassen Gegensatz zum jugoslawischen Drama – die am 1. Januar 1993 vollzogene friedliche Scheidung Tschechiens und der Slowakei. Ob die Tatsache, dass Václav Klaus' Ehefrau selbst Slowakin ist, die komplizierten Verhandlungen mit dem umstrittenen slowakischen Ministerpräsidenten erleichtert hat, muss natürlich dahingestellt bleiben.

Die narzisstische Eitelkeit des Václav Klaus

In diesen Jahren glänzte Václav Klaus im In- und Ausland als unermüdlicher, zielstrebiger und durchsetzungsfähiger Manager des Überganges zur Marktwirtschaft. An den Wänden seines Büros dominierten die Urkunden von ausländischen Universitäten und Institutionen oder die Fotos mit berühmten Persönlichkeiten. Diese zur Schau gestellte Eitelkeit ist im Lauf der Zeit, wenig überraschend, immer stärker geworden. Während Havels Präsidentschaft kam es zwischen dem rechtskonservativ und national eingestellten Klaus mit seiner strengen Selbstdisziplin und dem liberalen, kosmopolitischen und auch auf der Prager Burg, dem Hradschin, zuweilen unkonventionell handelnden Havel zu unzähligen, zum Teil auch öffentlich ausgetragenen Scharmützeln. Bei den Mittwochbesprechungen der beiden Männer machte Klaus Havel oft Vorhaltungen, und »nach dem Ende des ›Kopfwaschens‹ stand stets ein dominanter Klaus vor einem kleinlauten Havel«, schrieb in seiner Biografie sogar Michael Žantovský, Pressesprecher und einer der engsten Freunde des Staatspräsidenten.

Beide Politiker pflegten enge Beziehungen zu Österreich. Im ORF war in erster Linie Barbara Coudenhove-Kalergi für die Berichterstattung über die politische Szene in Tschechien zuständig, doch hatte auch ich in den 1990er-Jahren vor allem mit Klaus, auch im Zeichen unserer ersten, unvergesslichen Begegnung im »Oststudio« vor der Wende, häufig Kontakt. Es war, so glaube ich, im Wahljahr 1992, dass ich vom Prager Fernsehen interviewt wurde, ob der Spitzenkandidat der Bürgerlichen Demokratischen Partei ODS, der jetzt lautstark gegen zivile Gruppen, als selbst ernannte Vertreter von Partikularinteressen »im linken Spektrum«, wettere und den Sozialdemokraten die Propagierung »des dritten Weges als den schnellsten Weg in die Dritte Welt« vorwerfe, damals im November 1989 bei unserer Wiener Sendung voll das kommunistische Regime verteidigt habe. Ich machte unmissverständlich klar, dass er das keineswegs getan und sich in einer nicht unkomplizierten Situation menschlich anständig verhalten habe.

Nicht nur machte ich 1994 ein langes Interview mit ihm, wenn ich mich richtig erinnere, als Ergänzung zu einem von Barbara Coudenhove-Kalergi gedrehten persönlichen Porträt, ich traf ihn immer wieder auch bei internationalen Konferenzen oder Veranstaltungen in Prag, Wien oder Berlin. Man hörte oder las häufig Berichte, dass Klaus schon als Premier und dann erst recht während seiner zehnjährigen Präsidentschaft mit seinem selbstherrlichen Auftreten auch wichtige ausländische Staatsmänner brüskierte. So soll der deutsche Bundeskanzler Helmut Kohl sarkastisch erklärt haben, nach einem Gespräch mit Klaus glaube man sogar, dass nicht Tschechien, sondern die Bundesrepublik in die Europäische Union aufgenommen werden solle. Im Gegensatz zu Havel sei Klaus zwar kein Gegner, aber auch kein begeisterter Anhänger eines NATO-Beitritts gewesen, hieß es seinerzeit. Als früher Kritiker des Euro machte Klaus auch keinen Hehl aus seinem Misstrauen gegenüber der EU. Seine Weigerung, die Menschenrechtsverletzungen in Tschetschenien und Jugoslawien zu verurteilen, und seine Stellungnahme gegen die Bombardierung Serbiens durch die NATO im Jahr 1999 lösten in breiten Kreisen der Öffentlichkeit Missstimmung aus.

Alle führenden österreichischen Politiker, unter anderen die beiden langjährigen Bundeskanzler Wolfgang Schüssel und Franz Vranitzky sowie der profundeste Kenner Mitteleuropas, Ex-Vizekanzler Erhard Busek, die ich 2014 zu Václav Klaus befragt habe, zollten ihm einhellig Ankerkennung und Lob für seine historischen Verdienste als Ministerpräsident, da er Tschechien auf einen marktwirtschaftlichen und pluralistischen demokratischen Kurs gebracht und die friedliche Scheidung von der Slowakei ermöglicht habe. Ebenso einhellig war ihr Urteil allerdings über Klaus, den »Narzissten«, den – mit sehr vielen negativen Folgen – völlig auf sich selbst bezogenen Menschen, den von der verblendeten Bewunderung der eigenen Bedeutung getriebenen Politiker.

Vor allem seine pauschale Ablehnung der europäischen Integration wird stark kritisiert. Als Bundeskanzler Franz Vranitzky in einem Gespräch mit Václav Klaus in Prag sagte, dass die Römischen Verträge eine gemeinsame Handels- und Währungspolitik vorsehen, antwortete Klaus spöttisch: Dann werden wir wohl gemeinsame Toiletten und gemeinsame Gefängnisse haben … Dass Klaus häufig Brüssel mit Moskau und die EU-Kommission mit dem Komintern verglichen hat, hielt auch Wolfgang Schüssel für völlig falsch, wobei er es interessant fand, dass sowohl Klaus wie auch sein Nachfolger Miloš Zeman die Präsidentschaft letztlich mithilfe der Kommunisten erreicht haben.

Nationalistische Präsidentschaft

Der Sturz seiner Regierung im Jahr 1997 wegen angeblicher Geheimkonten der Regierungspartei in ausländischen Steueroasen und infolge der dadurch ausgelösten parteiinternen Intrigen hat die glänzende Karriere von Václav Klaus nur kurz unterbrochen. In der Pattsituation nach der Wahl zwischen dem linken und rechten Lager konnte er durch einen mühsam ausgehandelten, faulen Kompromiss mit den Sozialdemokraten unter dem neuen Ministerpräsidenten Miloš Zeman die Macht teilen und zwischen 1998 und 2002 als Parlamentspräsident amtieren. Nach dem Ende der Präsidentschaft Václav Havels, der moralischen Ikone der freien Tschechischen Republik, gelang es Klaus, mit virtuos manipulierten Kontakten die Stimmenmehrheit im Parlament für seine Präsidentschaftskandidatur zu gewinnen. Fünf Jahre später wiederholte er das Kunststück. Durch die Eroberung der Prager Burg wurde der aus der Schattenwelt des post-1968-kommunistischen Regimes im November 1989 aufgetauchte, unbekannte Nationalökonom zuerst zum Hoffnungsträger der neoliberalen Marktwirtschaft und dann, während seiner zehnjährigen Staatspräsidentschaft, zu einer umstrittenen Ausnahmegestalt der tschechischen und darüber hinaus mitteleuropäischen Geschichte. Nach seinem letzten Endes vergeblichen und grotesken Kreuzzug gegen den von allen EU-Staaten, auch vom tschechischen Parlament, gebilligten Lissabonner Reformvertrag stellte der Prager Korrespondent der *Frankfurter Allgemeinen* (4. November 2009) treffend fest: »Nicht einmal Silvio Berlusconi schafft es, so viele und so unterschiedliche Gegner aus allen politischen Lagern gegen sich aufzubringen wie Václav Klaus. Oft schlug die Gegnerschaft in Feindschaft um.«

Wegen seines verbissenen Widerstandes gegen die von ihm als »europäischer Einheitsstaat« bezeichnete EU wurde er in

Brüssel und im Straßburger Parlament »der Verrückte« genannt. Sogar die konservative *Neue Zürcher Zeitung* griff ihn als »den Gaukler in Prag« und »den Meister der Taschenspielerei« an. Trotz seiner wenigen verfassungsmäßigen Kompetenzen gelang es ihm immer wieder, im internationalen Scheinwerferlicht in der Rolle des »Enfant terrible« Beachtung zu finden. In den Debatten um den erwähnten Lissabonner Reformvertrag vermochte er die Befürchtungen hinsichtlich Restitutions- und Entschädigungsansprüchen deutscher Vertriebener des Zweiten Weltkriegs mit großem Geschick zu instrumentalisieren. Dank dieser Taktik hatte Klaus damals bei Umfragen in Tschechien Zustimmungsraten zwischen 40 und 65 Prozent.

Unabhängige ausländische Beobachter haben oft versucht, die Motive des störrischen Staatschefs zu analysieren. Die britische Wochenzeitung *Economist* erfand sogar den Ausdruck »Klausology« für die Suche nach der Entzifferung der Gründe für seine EU-feindliche Obstruktion. Seine Eitelkeit sei so groß wie seine Unberechenbarkeit, so charakterisierte ihn zum Beispiel die *Neue Zürcher Zeitung*. Er verließ sogar die von ihm gegründete Demokratische Bürgerpartei, weil sich der damalige Ministerpräsident Mirek Topolánek für den Lissabonner Vertrag aussprach. Klaus soll im Hintergrund auch am Sturz der bürgerlichen Regierung mitten in der Zeit des EU-Ratsvorsitzes mitgewirkt haben.

Seine Auftritte, Artikel und Interviews waren stets von einer Mischung aus tschechischem Nationalismus und wirtschaftlichem Neoliberalismus geprägt. Als Staatspräsident versuchte Klaus 2007, die erste Angelobung von Fürst Karel Schwarzenberg als Außenminister mit der Begründung zu verweigern, dass dieser halber Österreicher sei und aufgrund seiner Nähe zu Österreich »die tschechischen Interessen nicht ausreichend verteidigen würde«.

130

Auch während seiner Präsidentschaften gab es persönliche Kontakte und freundliche Begegnungen mit dem starrköpfigen Politiker. Abgesehen von unseren gemeinsamen Auftritten im ORF hat er seit 1990 der von mir redigierten Vierteljahreszeitschrift *Europäische Rundschau* wiederholt Vortragstexte zur Publikation überlassen. Zuletzt druckten wir im Jahr 2010 unter dem Titel »Europa auf falschem Weg« den Text seiner fulminanten Ausbrüche bei einer Wiener Veranstaltung gegen die EU und die »utopische Ideologie des Klimaschutzes«.

Ein persönlich interessantes Erlebnis war sein Auftritt bei dem von mir moderierten Europa-Forum Wachau. Bei einer nächtlichen und immer leidenschaftlicher geführten Diskussion wies er meine Deutung der Auflösung der tschechoslowakischen Föderation scharf zurück und nannte mich zur Belustigung des anwesenden tschechischen Botschafters, des (2011 verstorbenen) unvergesslichen Schriftstellers und Diplomaten Jiří Gruša, einen »österreichischen Chauvinisten«. Diese momentane Irritation in unseren langjährigen Beziehungen hinderte ihn aber nicht daran, einige Monate später einem anlässlich des Erscheinens meiner Memoiren in tschechischer Sprache gegebenen Mittagessen des österreichischen Botschafters in Prag beizuwohnen und einen freundlichen Trinkspruch zu Ehren des Autors anzubringen.

Auch das Ende seiner zweiten Präsidentschaftsperiode stand im Zeichen der Polarisierung und der Spaltung der Nation. Es ging dabei nicht nur um seine zunehmend eigensinnigen Handlungen, etwa bei der Verzögerung der Unterzeichnung von Verträgen mit der EU, sondern auch um eine als skandalös kritisierte Neujahrsamnestie zum Abschied. Diese begünstigte nicht nur Tausende Kleinverbrecher, sondern auch Großbetrüger und Bankrotteure, die in den wilden 1990er-Jahren des Überganges zur freien Marktwirtschaft Zehntausende Menschen um ihr Geld gebracht hatten. Die Empörung über Václav Klaus führte sogar zu einer Klage wegen Hochverrats gegen den aus dem Amt scheidenden Präsidenten durch den tschechischen Senat. Die Klage wurde jedoch abgewiesen.

Für ihn existierten stets nur zwei Meinungen: die richtige und die falsche, und er machte nie einen Hehl aus seiner Überzeugung, dass immer nur seine Meinung die richtige sein konnte. Ich werde nie vergessen, wie er mir nach einer heftigen Diskussion mit dem langjährigen Generalsekretär der CDU, Heiner Geißler, in Wien beim anschließenden Abendessen laut sagte, der liberal-konservative deutsche Politiker sei ein »wilder Bolschewist«. In diesem Stil zählte er auch einmal in einem Vortrag vor dem konservativen Cato Institute in Washington die von ihm verachteten »Ismen« auf: Sozialdemokratismus, Feminismus, NGOismus, Multikulturalismus und Environmentalismus, also Umwelt- und Klimaschutz.

Der Star der Ultrarechten

Im März 2013 erlebte man dann den traurigen Abgang einer bedeutenden Persönlichkeit von der politischen Bühne. Damals stellte ein Schweizer Auslandskorrespondent in Prag fest: Man darf gespannt sein, welche Rolle Klaus nun abseits des Präsidentenpalasts zu spielen gedenkt.

Von der scheinbaren protokollarischen Bürde eines Staatsoberhauptes befreit, hat Václav Klaus in den vergangenen fünf Jahren bei seinen zahlreichen internationalen Auftritten keine Hemmungen gekannt. Als ich ihn fast zwei Jahre nach seinem Rücktritt zu einem langen Gespräch in seinem neuen Václav-Klaus-Institut in einem kleinen Prager Stadtpalais traf, konnte ich ihm beim Rückblick auf seine Handlungen als Ministerpräsident und Staatspräsident nicht einmal einen Anflug von selbstkritischen Reflexionen entlocken. Es seien stets die anderen, kurzsichtige Politiker oder realitätsfremde internationale Bürokraten, gewesen, die die Menschen in Tschechien oder in Europa in eine Sackgasse geführt hätten. Er habe immer die richtigen Prioritäten gesetzt und brauche deshalb seine Pauschalkritik an Brüssel überhaupt nicht abzuschwächen oder seine positive Meinung über die russische Haltung bezüglich der Annexion der Krim oder der Kämpfe in der Ostukraine zu revidieren. Die diesbezüglichen Broschüren seines Instituts dienten auch dazu, seine bekannten Positionen detailliert darzustellen. Auf meine Frage zur Finanzierung des Instituts teilte mir Klaus ohne Zögern mit, das kleine Schloss, 1733 im Stil des Barock erbaut, werde, als eine persönliche Geste und als Zeichen der Anerkennung seiner Verdienste, von Petr Kellner, dem reichsten Unternehmer des Landes (mit einem geschätzten Vermögen von 15 Milliarden US-Dollar), zur Verfügung gestellt und der gesamte Aufwand für die Infrastruktur des Instituts von ihm getragen.

Mit seinen öffentlichen Auftritten von Hannover bis Wien, von Bern bis Budapest hat sich Klaus in den letzten Jahren zu einem wortgewaltigen Star der europäischen Rechten und Ultrarechten gewandelt. In seinen auch in fließendem Deutsch, Englisch und Russisch gehaltenen Reden vergleicht die einstige Schlüsselfigur der Wirtschaftsreformen nach der »samtenen Revolution« die politische Lage in der EU mit den späteren Jahren des Kommunismus. »Die Menschen in Europa sind heute fast so stark reguliert, manipuliert, indoktriniert wie wir damals.« Er rief wiederholt zum Austritt Tschechiens aus der EU auf und erklärte, er wünsche sich noch »viele weitere Brexits«. Zum Rundumschlag gehört stets die Warnung, dass die Europäische Union eine »artifizielle Vermischung« von Individuen aus verschiedenen Herkunftsländern sei und die »Masseneinwanderung von Nichteuropäern« betreibe, um die traditionellen europäischen Gesellschaften zu »fragmentieren«, die freie Meinungsäußerung zu »eliminieren«, Europas Jugend zu »indoktrinieren« und die postmodernen Ideologien des »Feminismus« und »Genderismus« zu propagieren. Zu den weiteren Gefahren für die europäische Zivilisation gehöre der Kampf der Staatengemeinschaft gegen die Erderwärmung, den er mit dem »Bolschewismus« gleichsetzt. Er fügt oft noch hinzu, dass sein Buch *Blauer Planet in grünen Fesseln* gegen den »Nonsens« der Erderwärmung in 20 Sprachen übersetzt worden sei (Zitate aus *Neue Zürcher Zeitung*, 28. April 2018, *Die Presse*, 31. Januar 2018, und *HVG*, 6. Mai 2018).

Besondere Beachtung fand in den internationalen Medien die Tatsache, dass der frühere Präsident Tschechiens seine Kampfreden gegen Bundeskanzlerin Angela Merkel und den Vorsitzenden der EU-Kommission, Jean-Claude Juncker, bei Veranstaltungen der AfD oder während der österreichischen Präsidentschaftswahlkampagne vor einem FPÖ-Gremium in Wien gehalten hat. Nach dem Terroranschlag gegen die satirische Zeitschrift *Charlie Hebdo* mit elf Todesopfern stellte Klaus in einem Interview fest: »Die Tragödie in Paris ist für mich eine Konsequenz von Multikulturalismus, Immigration und falscher Rhetorik der Politiker.« Er fügte dann noch einige aufschlussreiche Bemerkungen über Europa hinzu: »Wir sind nicht Europäer. Ich fühle mich nicht als Europäer. Europa ist für mich nur eine der verschiedenen Identitäten meines Lebens. Ich bin Prager, ich habe meine tschechische Identität, dann gehöre ich zu Mitteleuropa. Städte wie Wien, Krakau, Mailand, das gehört zu meiner Welt, nicht Helsinki, Lissabon, Athen oder Palermo. Dann bin ich auch ein Slawe. Und dann ist da noch Europa, aber diese europäische Identität ist für mich sehr schwach. Ich sehe keine große Ähnlichkeit mit einem Finnen oder Iren oder Griechen.« (*Die Presse*, 20. Januar 2015)

Noch ein Putin-Freund:
Klaus' Nachfolger Miloš Zeman

Diese Skizze über die Wandlung des »akademischen Schwejks«
zu einem wortgewaltigen Star der rechten politischen Szene
in Europa wäre nicht vollständig ohne einen Blick auf die an
politischen Pirouetten reiche Karriere seines Nachfolgers im
Präsidentenpalast. Obwohl der um drei Jahre jüngere Miloš
Zeman im Gegensatz zum neoliberalen und businessfreund-
lichen Klaus aus dem linken sozialdemokratischen Lager
kommt, könnte man ihn im Lichte der späteren Entwicklung
als seinen politischen Stiefbruder bezeichnen. Beide Politiker
sind letztlich mithilfe der Kommunisten als Steigbügel Präsident geworden. Zeman führte die Sozialdemokraten 1998 als
stärkste Partei zur relativen Mehrheit und konnte dank eines
»Toleranzpaktes« mit Klaus für vier Jahre eine Minderheitsregierung bilden. Im Zuge dieses Kuhhandels wurde Klaus
Parlamentspräsident. Noch fast 15 Jahre später bezeichnete
Zeman in einem langen Vieraugengespräch mit mir sein Verhältnis zu Klaus als »mehr als korrekt, ich würde sagen eher
freundschaftlich«. Innerparteiliche Intrigen gegen Zeman waren verantwortlich für seine unerwartete Niederlage bei der
parlamentarischen Abstimmung im Januar 2003 um die Nachfolge von Václav Havel. Sozialdemokratische Verräter hätten
ihn um den sicheren Sieg gebracht, beschwerte sich der verbit-
terte Zeman später. Er trat einige Jahre danach aus der Partei
aus und unterstützte im Jahr 2008 Klaus bei dessen zweiter
Kandidatur für die Präsidentschaft. Bei der ersten Direktwahl
des Präsidenten im Januar 2013 gelang es Zeman, den konservativen Karel Schwarzenberg zu besiegen.

Nachdem Schwarzenberg die Vertreibung der Deutschen
1945 in der Präsidentschaftskampagne scharf verurteilt hatte,
unterstützte Klaus vorbehaltlos seinen früheren Rivalen Zeman.

Die Presse (26. Januar 2013) in Wien schrieb über eine »beispiellose antideutsche Schmutzkampagne« Zemans.

Wenn auch Zeman hinsichtlich der europäischen Integration früher eine wesentlich gemäßigtere Position vertreten hat als sein Vorgänger, wird seine Präsidentschaft gerade in den Schlüsselfragen der europäischen Politik von fremdenfeindlichen und prorussischen Stellungnahmen geprägt, die völlig mit der extremen Linie von Václav Klaus in Einklang sind. Er hat mehrmals die russische Politik gegenüber der Ukraine verteidigt und die Wirtschaftssanktionen der EU mehrfach öffentlich kritisiert. In der Flüchtlingskrise hat er von Anfang an eine ähnlich harte Linie gegen die »organisierte Invasion« wie Klaus vertreten und wiederholt vor »einer künstlichen Vermischung von Nationen, Kulturen und verschiedenen Religionen« gewarnt.

Auch in unserem auf Englisch geführten Gespräch im Prager Präsidentenpalast vermied Zeman jedes kritische Wort über Václav Klaus und rechtfertigte die von den meisten Prager Medien kritisierte Ernennung von Klaus' Ehefrau (einer gebürtigen Slowakin) zur tschechischen Botschafterin in der Slowakei mit Hinweis auf ihre Erfahrungen als »First Lady« und auf ihre Kenntnisse als Nationalökonomin, übrigens mit dem kuriosen Argument, dass der slowakische Regierungschef Robert Fico einverstanden gewesen sei. Auf meine diesbezügliche Frage fand Zeman es auch »ganz natürlich«, dass ein Vertreter der russischen Ölfirma Lukoil in seiner Präsidialverwaltung als Experte beschäftigt ist.

Angesichts seiner abenteuerlichen Entscheidungen und radikalen Stellungnahmen war es keine Überraschung, dass sein allgemein bekannter Alkoholkonsum medial thematisiert wurde. Der ehemalige Außenminister und Gegner bei der ersten Präsidentenwahl, Karel Schwarzenberg, sagte einmal unverhüllt, er wisse nicht, ob sich mit Zemans Äußerungen ein Politiker oder ein Arzt befassen sollte. Auch während unseres Vormittagsgesprächs wurde mir ausgezeichneter Rotwein angeboten.

Wie dem auch sei, Zeman ist es trotz Alkoholkonsums und angegriffener Gesundheit gelungen, entgegen den Erwartungen der Meinungsforscher und vieler Kommentatoren die Präsidentenwahl im Januar 2018 gegen den parteilosen Wissenschaftler Jiří Drahoš mit 51,36 Prozent zu gewinnen.

Wenn man den Lebenslauf und die verblüffenden persönlichen Wandlungen der beiden Nachfolger von Václav Havel vergleicht, fügt sich die Metamorphose des Václav Klaus möglicherweise doch in den Rahmen jener Exzentriker in der postkommunistischen tschechischen Geschichte, die, von Macht und vielleicht auch von Gier geblendet, bereit waren, mit dem Konsens in Grundsatzfragen zu brechen. So hat Zeman die von der Mehrheit der Abgeordneten aus moralischen Gründen abgelehnte Kandidatur des in ein EU-Subventionsbetrugsverfahren verstrickten Chefs der populistischen ANO-Partei, Andrej Babiš, zum Ministerpräsidenten zwei Mal voll unterstützt und ihn angelobt.

Bereits bei unserem oben beschriebenen Gespräch ließ Zeman seine Bewunderung für den zweitreichsten Mann im Lande erkennen. Damals war Babiš schon Finanzminister und stellvertretender Ministerpräsident. Der heute 64-jährige Slowake hatte nach dem Aufbau eines auch in Deutschland erfolgreichen Agrarkonzerns mit 36 000 Angestellten und dem Ankauf mehrerer Zeitungen im Jahr 2011 die populistische Partei ANO (»Ja«) gegründet, die bei den letzten Parlamentswahlen im Herbst 2017 mit einem Stimmenanteil von fast 30 Prozent die mit Abstand stärkste Partei geworden ist. Ich hatte ihn 2015, da war er noch Finanzminister, zu langen Gesprächen in Prag und beim Europa-Forum in Göttweig getroffen. »Ich werde aus Neid und Vorurteilen angegriffen und verleumdet, weil ich, obwohl gebürtiger Slowake, in Tschechien wirtschaftlich und politisch erfolgreich geworden bin«, sagte er mir. Er bestreitet, trotz eines Gerichtsurteils, auch heute, so wie damals im Gespräch mit mir, dass er früher Mitarbeiter der tschechoslowakischen Staatssicherheit gewesen sei. Seine aktuelle Minderheitsregierung wird von den 15 kommunistischen Abgeordneten unterstützt.

Die Karrieren und Wandlungen der drei erfolgreichsten lebenden Politiker in Tschechien zeigen nicht nur die Wendungen in der postkommunistischen Geschichte des Landes auf, sondern auch die Akzeptanz von Tabubrüchen durch die tschechische Gesellschaft.

Walter Laqueur,
Wanderer zwischen Welten

Die Tatsache, dass ich seit Mitte 1973 als Chefredakteur die unabhängige Vierteljahresschrift *Europäische Rundschau* leiten durfte, hat den Weg zu vielen langjährigen Kontakten mit spannenden internationalen Persönlichkeiten in Publizistik und Wissenschaft, Politik und Wirtschaft geebnet. Dass ich über 20 Jahre lang, von 1960 bis 1981, auch als Korrespondent der großen britischen Wirtschaftszeitung *Financial Times* tätig war, trug natürlich auch zu häufigen Begegnungen mit interessanten Menschen, vor allem in London, bei. So habe ich auch Walter Laqueur, einen der zweifellos bedeutendsten Intellektuellen unserer Zeit, kennengelernt.

In seinen Memoiren hat der 1921 in Breslau geborene Laqueur sich selbst als einen »Wanderer wider Willen zwischen verschiedenen Welten« und einen »Überlebenden durch Glück« beschrieben. Ihm gelang eine erstaunliche Karriere: Als Autodidakt ohne Universitätsabschluss wurde er dank seiner unglaublich schnellen Auffassungsgabe und seinem immensen Fleiß eine bewunderte Autorität in der internationalen Publizistik und als Zeithistoriker. Zwischen 1965 und 1994 leitete er das Londoner Institute of Contemporary History (Wiener Library) und zwischen 1969 und 2000 den Internationalen Forschungsrat des renommierten Center of Strategic and International Studies in Washington. Er bekleidete Professuren an britischen, amerikanischen und israelischen Universitäten, gründete und leitete Fachzeitschriften, etwa *Survey*, die Londoner Vierteljahresschrift für Geschichte, Politik, Soziologie und kulturelle Trends.

Im Wettstreit um die Herzen und Mentalitäten der Menschen auf beiden Seiten des Eisernen Vorhangs während des heute so oft vergessenen Kalten Krieges und auch nach der Wende war Laqueur ein führender Kopf der politischen Thinktank-Szene in den USA. Seine mehr als zwei Dutzend Bücher zu zeitgeschichtlichen Themen wurden in zahlreiche Sprachen übersetzt. In der Tat gibt es heute wohl keinen anderen Intellektuellen, der durch seine Reden und Aufsätze, Filme und Bücher in drei Sprachen – Englisch, Hebräisch und Deutsch – so viel in so vielen Bereichen bewegt hat wie Walter Laqueur.

Ich habe ihn in den 1960er-Jahren wahrscheinlich zum ersten Mal in London in seinem kleinen Büro der Wiener Library in der Portland Street getroffen. Er leitete in jener Zeit dieses Institut, das von dem deutschen Juden Alfred Wiener in den 1930er-Jahren in Amsterdam gegründet worden war und dessen Bestände über die nationalsozialistische Judenverfolgung rechtzeitig vor dem deutschen Einmarsch nach London gerettet werden konnten. Deshalb wird dieses älteste Forschungsinstitut über den Holocaust noch heute nach seinem Gründer »Wiener Library« genannt. Es war allerdings schwierig, mit Walter Laqueur genaue Termine festzulegen, weil er schon damals zwischen seinen diversen Arbeitsstätten in London, Tel Aviv und Washington pendelte.

Es ist mir Mitte 1973 gelungen, ihn für einen Beitrag zur ersten Nummer der *Europäischen Rundschau* zu gewinnen. Er schrieb einen längeren Aufsatz über den »Neo-Isolationismus und die Weltpolitik«. In den folgenden 40 Jahren konnte unsere Zeitschrift 27 Laqueur-Aufsätze, meistens Übersetzungen aus in amerikanischen Zeitschriften erschienenen englischen Fassungen, abdrucken. Die Themen reichten von der

Analyse des Terrorismus und dem neuen Neutralismus bis zum russischen Nationalismus und der Modernisierung des postkommunistischen Russland.

Flucht und Neubeginn

Jede Begegnung mit Walter Laqueur war eine Lehrstunde für mich. Mit geschliffener Ironie beschrieb er die im Westen herrschende Schwäche des politischen Willens, die Zeichen der Verwirrung und des Defätismus der politischen Eliten während des Kalten Krieges. Auch nach dem Zusammenbruch des Ostblocks und der Sowjetunion sprach dieser unbefangene Beobachter Dinge aus, die in der Politik nur selten oder mit großer Verspätung öffentlich gemacht wurden. Erst im Lauf der Jahre erfuhr ich bruchstückweise in persönlichen Gesprächen und dann aus seinen zwei großartigen Erinnerungsbüchern (1995 und 2009), wie dramatisch seine frühen Jahre verlaufen waren.

Er wuchs in Breslau auf, zum Teil bereits unter der NS-Herrschaft, und konnte, vom Glück begünstigt, einen Tag vor der Pogromnacht (»Reichskristallnacht«) 1938 einen Zug nach Triest besteigen und nach Palästina flüchten. Seine Eltern und viele Verwandte wurden von den Nazis umgebracht. Er meldete sich mit dem Geld eines Onkels als Student an der Hebräischen Universität in Jerusalem an, verbrachte dort jedoch nur ein Jahr. Laqueur arbeitete mehrere Jahre als Landarbeiter in einem Kibbuz (ländliche Kollektivsiedlung mit gemeinsamem Eigentum), dann in einer Buchhandlung in Tel Aviv (»meine erste Universität«) und schließlich als Reporter während des israelischen Unabhängigkeitskriegs.

Dann zog er sich aus der Redaktionsarbeit für eine hebräische und eine englische Zeitung in Jerusalem zurück und wurde als freier Publizist und Zeithistoriker international bekannt. Nach 18 turbulenten Jahren in Israel siedelte er sich mit seiner Familie Mitte der 1950er-Jahre in London an, als Chefredakteur der von ihm gegründeten Monatsschrift *Survey*.

Als ich ihm einmal sagte, wie verblüffend für mich die Tatsache sei, dass er, der assimilierte deutsche Jude, der erst in Palästina Hebräisch und Englisch gelernt habe, als Journalist in beiden Sprachen arbeiten konnte, antwortete Laqueur mit verschmitztem Lächeln, er habe seine auf Hebräisch verfassten Meldungen der Zentralredaktion stets telefonisch übermittelt, und bei den englischsprachigen Berichten und Kommentaren habe er sich auf die Korrekturen der Textredakteure mit perfekten Englischkenntnissen verlassen. In jenen Jahren im Nahen Osten hat dieses Ausnahmetalent nicht nur seine Familie mit zwei kleinen Töchtern erhalten, sondern sich auch russische Sprachkenntnisse angeeignet. So konnte er in den folgenden Jahrzehnten grundlegende Werke über Russland verfassen.

Als ich ihn irgendwann in den 1990er-Jahren als Vorsitzenden des Forschungsrats des Center of Strategic and International Studies in Washington getroffen habe, zeigte er mir mit einem Anflug von berechtigtem Stolz die russischen Ausgaben seiner bahnbrechenden Bücher über den Terrorismus und Russland. Walter Laqueur war im Zeitalter der Spezialisierung ein echter »Polyhistor«, laut Duden ein »in vielen Fächern bewanderter Gelehrter«, geblieben.

Weitreichende Warnungen

Dieser große Analytiker und Historiker verstieß immer wieder gegen geheiligte Tabus und war nie ein Mann der politischen Korrektheit. Eine seiner großen Enttäuschungen war die europäische Einigung. Hatte er 1970 noch ein von Hoffnung getragenes Buch über *Europa aus der Asche* geschrieben, so zeichnete Laqueur in seinen letzten Büchern ein trübes Bild: Eine echte politische Einigung bleibe Utopie, auf der Weltbühne werde die Europäische Union auch künftig keine Rolle spielen. Europa sei unentrinnbar von fremden Mächten abhängig, militärisch von den USA, bei der Energie von Russland und Asien.

Auch bei internationalen Konferenzen habe ich Referate oder Wortmeldungen von ihm gehört, sie enthielten stets Warnungen vor der Macht der ideologischen Verblendungen und vor der begrenzten Wirkung rationaler Argumente in der Politik. In seinen Erinnerungsbüchern spielte er gleichzeitig die Rolle des Historikers und die des Zeitzeugen. »Wenn man vor der Zeit recht hat, so heißt es nicht, dass man sich damit beliebt macht«, schrieb er einmal in einer autobiografischen Rückblende sowohl hinsichtlich der Rechtfertigung seiner festen antikommunistischen Haltung während des Kalten Krieges als auch in Bezug auf seine frühe Warnung vor den fatalen Folgen einer radikalen Besatzungspolitik ohne Bereitschaft zu Kompromissen mit den Palästinensern nach dem großen Sieg Israels im Sechstagekrieg 1967.

In einer Rezension seines zweiten Memoirenbandes, den er 88-jährig veröffentlichte, hieß es, wer Laqueur durch das 20. Jahrhundert folge, begebe sich auf einen Marsch durch Desillusionen. In der Tat sind auch heute Rückblicke auf seine Kommentare zur sowjetischen Politik aus einer Distanz von über 30 Jahren amüsant und zugleich beunruhigend.

Nehmen wir zum Beispiel den Kommentar Roger Cohens, des bekannten Kolumnisten der *New York Times*, zum Putin/Trump-Treffen im Juli 2018 in Helsinki. Seine düstere Feststellung, die Finnlandisierung der Vereinigten Staaten sei fast erreicht, ruft einen langen Aufsatz Laqueurs in Erinnerung.

Unter dem Titel »Finnlandisierung – eine Option« stellte er damals fest, dass der Begriff »Finnlandisierung« eine besondere Beziehung zum mächtigen sowjetischen Nachbarn bedeute. Finnland dürfe infolge der Beschwichtigungspolitik der Regierung gegenüber der Sowjetunion nicht mehr als ein neutrales und unabhängiges Land bezeichnet werden. Er verwies auf die Selbstzensur der Medien und darauf, dass nur von Moskau gebilligte politische Parteien und Politiker in die Regierung aufgenommen und die wichtigsten Beschlüsse der Regierung nur nach der Zustimmung durch sowjetische Vertreter umgesetzt werden dürften.

Diese nüchterne Analyse der »Finnlandisierung«, vor 40 Jahren auch in der *Europäischen Rundschau* (78/2) erschienen, löste damals auch in Finnland selbst Kontroversen aus. Später, nach dem Zusammenbruch des sowjetischen Systems, haben frühere russische KGB-Agenten Geheimdokumente über die massive und langjährige Bestechung des von 1956 bis 1981 amtierenden Präsidenten Urho Kekkonen und anderer hochrangiger Betreiber der Finnlandisierung veröffentlicht. Finnland ist ein voller Satellitenstatus zwar erspart geblieben, aber für die »besondere Beziehung« musste der Preis einer demütigenden Unterwürfigkeit bezahlt werden.

Vor diesem Hintergrund muss die Tragweite des von Roger Cohen geäußerten Verdachts gewertet werden. Möglicherweise könnte sich das Gespenst der Finnlandisierung in manchen europäischen Staaten, vor allem in Mittel- und Osteuropa, als eine größere Gefahr entpuppen als die USA unter der Präsidentschaft Donald Trumps.

Laqueur hat jedenfalls in seinen letzten Büchern den politischen Eliten Europas ein vernichtendes Zeugnis der Ohnmacht und Hilflosigkeit ausgestellt. Dass ihm angesichts der Entwicklung unter Wladimir Putin ein Schaudern über den Rücken lief, bedeutet keinesfalls, dass er über den Siegeszug des Kapitalismus restlos begeistert gewesen wäre. Was die Demokratie heute bedrohe, sei nicht zuletzt die »immer größere Kluft zwischen Armen und Reichen«. Laqueur, der, wie so viele seiner Generation, die Triebkräfte der Geschichte am eigenen Leib erfahren hat, fragte sich sogar, ob »wir mit der Verunglimpfung der marxistischen Ideen zu weit gegangen sind«. Die seit seiner rhetorischen Frage erschienene Flut von Marx-Biografien anlässlich dessen 200. Geburtsjahres zeigt allerdings, dass diese Gefahr kaum mehr bestehen dürfte.

Walter Laqueur, der am 30. September 2018 97-jährig in Washington starb, war einer der letzten großen Zeithistoriker und Autoren mit deutsch-jüdischen Wurzeln, die, wie Henry Kissinger, Fritz Stern und Richard Löwenthal, ganze Generationen von Studenten und Journalisten, Historikern und Politikern – nicht nur in den Vereinigten Staaten, sondern fast weltweit – geprägt haben. Es war für mich, den viel zu spät in die freie Welt gelangten Vertreter einer etwas jüngeren Generation, ein besonderes Glück, dass ich sie alle kennenlernen und vor allem mit Walter Laqueur, dem wahrhaft transnationalen großen Intellektuellen, dem begnadeten Schreiber, dem Zeitzeugen ohne Heuchelei und Selbstgerechtigkeit, sogar eine fruchtbare und freundschaftliche Arbeitsbeziehung aufbauen konnte.

Melvin Lasky, Bahnbrecher des Kalten Krieges

Im Oktober 1948 erschien in Berlin, zur Zeit der sowjetischen Blockade und der Luftbrücke, die erste Ausgabe der Zeitschrift *Der Monat* an den Zeitungskiosken. Es gab wenige Autoren von Rang, die nicht für den *Monat* schrieben. Von George Orwell und Arthur Koestler bis Bertrand Russell, von Arnold J. Toynbee bis Albert Camus reichte die Liste der Autoren. Es ist heute fast unvorstellbar, was *Der Monat*, damals »die bedeutendste Zeitschrift Europas, ja wahrscheinlich der ganzen Welt« (so Walter Laqueur) für die unterdrückten Geister östlich der Elbe, aber keinesfalls nur dort, bedeutete.

Michael Naumann, der deutsche Verleger und Ex-Staatsminister im Bundeskanzleramt, schrieb: »Nie zuvor war es einer Zeitschrift in Deutschland gelungen, ideologische Verblendungen mit den besten verfügbaren Argumenten zu demontieren. Es war, daran besteht kein Zweifel, eine antikommunistische Zeitschrift. Eines jedoch war sie nie: reaktionär, illiberal, unfair oder humorlos ...« (in: *Orwell, Koestler und all die anderen*, 1999, S. 101)

Ein herausragender Zeitungsmann

Sein Gründer und für zehn Jahre erster Chefredakteur war Melvin Lasky, der einstige Militärhistoriker der 7. US-Armee, ein ganz und gar ungewöhnlicher Besatzungssoldat im Rang eines Hauptmanns. Im Sommer 1946 quittierte er seinen Militärdienst und blieb im besetzten Berlin als Korrespondent für die linken, aber antistalinistischen amerikanischen Zeitschriften *Partisan Review* und *Dissent*. Durch seinen mutigen Auftritt beim sowjetisch dominierten Ersten Deutschen Schriftstellerkongress im Herbst 1947 in Berlin wurde Lasky auch international bekannt. In einer Zeit der ideologiekritischen Abstinenz und des politisch korrekten Antifaschismus hatte der junge, bärtige Amerikaner die Courage, nach der Freiheit des Wortes in der sowjetischen Besatzungszone zu fragen und das Verhalten der deutschen kommunistischen Handlanger vehement zu kritisieren. Ein Jahr später gründete Lasky, von der amerikanischen Militärregierung finanziert, seine legendär gewordene Zeitschrift *Der Monat* in der »Frontstadt Berlin«.

In den finsteren Nachkriegsjahren wurde *Der Monat* mit einer Auflage von mehr als 20 000 Exemplaren ein bewundertes und einflussreiches Forum der liberalen Demokraten mit größtmöglicher Meinungsvielfalt. Zugleich bot *Der Monat* ein Podium für Renegaten, ehemalige kommunistische Parteigänger oder Mitläufer, die wie Arthur Koestler und Ignazio Silone zu weltberühmten Autoren und wortgewaltigen mahnenden Stimmen gegen die totalitäre Versuchung geworden sind. Es sei nicht richtig, vom Kampf zwischen Sozialismus und Kapitalismus zu sprechen, schrieb Lasky damals in diesem Zusammenhang (in: *Der Monat*, 1950/Heft 26): »Die große Auseinandersetzung, die wir heute führen, spielt sich zwischen einer geschlossenen Gesellschaftsform ab, in der das Individuum ein bloßes Rädchen im Getriebe des totalitären Staates ist, und einer offenen, in der jeder Einzelne für seine Ideale und Vorstellungen kämpfen kann.«

Nach zehn Jahren verließ der »Feuerkopf des Kalten Krieges« Berlin. Er zog mit seiner Familie nach London und übernahm dort 1958 die Position des Herausgebers der Zeitschrift

Encounter. Rund 30 Jahre lang – bis zum Zusammenbruch des Ostblocks – gestaltete er diese Monatsschrift, die, so wie seinerzeit *Der Monat*, eine unverwechselbare und mutige Stimme in europäischen und transatlantischen kultur- und außenpolitischen Kontroversen war.

Der Schweizer Publizist Fritz René Allemann und der deutsche Autor Klaus Harpprecht waren die Nachfolger Laskys in der Chefredaktion des *Monat*. Allemann war langjähriger, angesehener Deutschland-Korrespondent der Zürcher Tageszeitung *Die Tat*. Der Titel seines berühmten Buches über die Bundesrepublik – *Bonn ist nicht Weimar* – wurde zum oft zitierten geflügelten Ausdruck in den europäischen Medien. Dieses vom Gründer der Migros-Genossenschaft in der Schweiz, Gottlieb Duttweiler, 1939 aus dem Boden gestampfte Blatt fand wegen seiner internationalen Informationen und seines Freimuts gegen ausländische Diktaturen besonders starken Widerhall auch in Deutschland. Rund 15 Jahre lang, bis zur Einstellung 1977, war ich für *Die Tat* als Österreich- und Osteuropa-Korrespondent unter Vertrag, und so entstanden auch die Kontakte zu Allemann und Harpprecht.

Auf Einladung Allemanns durfte ich im Sommer 1965 für den *Monat* ein langes Essay über Ungarn verfassen. In den folgenden Jahren wurden in der Zeitschrift weitere Aufsätze, auch über Jugoslawien und Osteuropa, abgedruckt. Durch meine Arbeit für *Die Tat* und für den *Monat* wurde Werner Höfer, der Moderator des in Deutschland damals so populären sonntäglichen »Internationalen Frühschoppens« (»Sechs Journalisten aus fünf Ländern«), auf mich aufmerksam. Da ich oft mitdiskutierte, traf ich auch mehrmals den aus London eingeladenen Melvin Lasky. Wir sahen uns auch bei diversen, von Lasky organisierten Konferenzen und anlässlich meiner Besuche als Korrespondent in der Londoner Zentralredaktion der *Financial Times*.

Der in zweiter Ehe mit der deutschen Schriftstellerin Helga Hegewisch verheiratete Lasky kehrte 1989 in seine »Wahl- und Schicksalsstadt« Berlin zurück. Er war nicht nur ein begnadeter Zeitungsmacher, der in zwei Sprachen und in zwei gänzlich unterschiedlichen urbanen Zentren bahnbrechende Monatsschriften gegründet und erfolgreich geleitet hat, sondern unter anderem auch Autor einer in mehrere Sprachen übersetzten, einzigartigen Dokumentensammlung über die ungarische Revolution 1956 und des groß angelegten Werkes *Utopie und Revolution*.

Im Mahlstrom der Ideologien

Abgesehen von unserer beruflichen Zusammenarbeit – im *Encounter* wurden mehrere Aufsätze von mir unter anderem über Kroatien und Albanien veröffentlicht, und Lasky nahm im Mai 1985 an einer ORF-»Oststudio«-Sendung mit Bruno Kreisky und der *Zeit*-Verlegerin Marion Gräfin Dönhoff teil – spielte er, unbeabsichtigt und ungeplant, auch mehrmals eine wichtige Rolle in meinem Leben. Zuerst handelte es sich um eine symbolträchtige Rückendeckung durch Melvin Lasky in einer traurigen Angelegenheit. Es ging um die deutsche Übersetzung meines auf Englisch verfassten Buches über die Lage der Juden in den kommunistischen Ländern, besonders nach den sogenannten »antizionistischen Kampagnen« in Polen und der Tschechoslowakei. Das Buch erschien zuerst im Januar 1971 in New York und bereits im Herbst desselben Jahres auch in Frankreich. Auch dem S. Fischer Verlag wurde das komplette Manuskript im August 1969 abgeliefert.

Nur gab es in Deutschland »verlagstechnische Schwierigkeiten«, die die Veröffentlichung immer wieder hinauszögerten und insgesamt drei Mal zur Verschiebung der vorgesehenen Publikationstermine führten. Als ich die deutsche Fassung endlich zu sehen bekam, entdeckte ich zu meiner Verblüffung handschriftliche Notizen im Manuskript, die meine Erläuterung der ideologischen und systembedingten Ursachen des Antisemitismus sowjetischer Prägung in folgender Weise kommentierten: »Und was ist mit Vietnam?« Oder: »... und die Negerverfolgung in Amerika?« (Damals wurde »Neger« noch nicht als Schimpfwort für Schwarze verstanden.) Diese und ähnliche Bemerkungen ließen in mir den Verdacht aufkommen, dass die rätselhaften Verzögerungen nicht, wie ich bis dahin angenommen hatte, auf die Trägheit des Verlagsapparats zurückzuführen waren. Ich bat um ein persönliches Gespräch mit dem Verlagsleiter Peter Härtling, den ich als Redakteur vom *Monat* her kannte. Auf die zitierten kritischen Randbemerkungen angesprochen, teilte mir Härtling bei unserem Gespräch im Frankfurter Flughafenrestaurant etwas verlegen, aber ohne Umschweife mit, dass mehrere Verlagslektoren – »man könnte sie unsere Linke nennen« – gegen die Herausgabe meines Buches seien, weil sie glaubten, dass ein Buch über den Antisemitismus im Ostblock Bonns Verständigung mit dem Osten stören würde.

Trotz Härtlings Versicherung, dass solche Überlegungen keine Rolle spielten und der Vertrag eingehalten werde, waren die Termine weiterhin nicht zu realisieren. Schließlich sollte das im Herbst 1969 abgelieferte Manuskript vielleicht drei Jahre später, nach dreimaliger Verschiebung, erscheinen. Inzwischen wurde diese symbolträchtige Geschichte, dass ein Antisemitismusthema in Deutschland, in einem Verlag, der von einem aus Österreich-Ungarn stammenden Juden gegründet worden war, faktisch auf eine verlagsinterne schwarze Liste gesetzt wurde, weil es aus ideologischen Gründen einigen Lektoren nicht gefallen hatte, in eingeweihten Journalistenkreisen bekannt. Unter anderem die *Welt* berichtete darüber.

Lasky war über die Geschichte empört und bat ohne mein Wissen Härtling um Auskunft über das Schicksal meines Buches. In der mir später zugeschickten Korrespondenz mit Lasky deutete Härtling an, dass es nicht »ratsam« wäre, ein Buch über die Juden zu veröffentlichen, da diese gerade jetzt aus der Sowjetunion wegwollten, es sei ein delikates Thema. Lasky antwortete, dieses Argument sei faktisch unwahr und moralisch falsch. Die Juden, die weg möchten, wollten ja, dass ihre Geschichte erzählt werde. Und er fügte noch hinzu: »Was hätte man gedacht, wenn der S. Fischer Verlag in Amsterdam 1934 oder der S. Fischer Verlag in Stockholm 1938 oder der S. Fischer Verlag in New York 1942 es abgelehnt hätte, ein Buch über das Schicksal der Juden in Nazi-Deutschland herauszugeben, weil [...] viele Juden in Berlin, Frankfurt und München herauswollten?«

Ich erzähle diese Geschichte deshalb, weil auch heute nicht nur in Deutschland, unter dem Einfluss oder Druck von Putin- oder Orbán-Verstehern, manchmal diese Mischung aus Heuchelei, Ignoranz und Feigheit anzutreffen ist. Die vorrangige Pflicht der Journalisten und Autoren besteht darin, die Öffentlichkeit zu informieren, nicht aber die Wahrheit auf dem Altar sogenannter höherer Interessen des Staates oder eines Großkonzerns zu opfern. Nach diesen Erfahrungen erklärte ich damals meinen Rücktritt vom Vertrag, und die deutsche Fassung von *Antisemitismus ohne Juden* erschien im Spätherbst 1972 beim Europa Verlag in Wien.

Folgenreiche Begegnungen

Die zweite wichtige persönliche Episode, die mit Melvin Lasky verbunden ist, ereignete sich bei einer von ihm organisierten internationalen Konferenz in London. Dort konnte ich zum ersten Mal Lord Weidenfeld, den berühmten Verleger, der dort als Moderator auftrat, und andere interessante Persönlichkeiten aus Deutschland, Frankreich und den USA kennenlernen. Die bei dieser Konferenz geknüpften Kontakte führten letzten Endes zu einer (im nächsten Kapitel skizzierten) intensiven Zusammenarbeit mit George Weidenfeld und schließlich auch zu Einladungen zu jenen wichtigen Veranstaltungen im Rahmen des Deutsch-Jüdischen Dialogs der Bertelsmann Stiftung, die die Grundlagen meiner Mitarbeit bei deren Projekten gebildet haben. All dies war also die Folge der Initiative von Melvin Lasky, wobei man die Details der damals bei der Konferenz in Kensington behandelten Themen, die kritische Betrachtung der Entspannungspolitik, natürlich längst vergessen hat, nicht aber die markantesten Persönlichkeiten, die dort auftraten. Teilnehmer der Konferenz war etwa der einflussreiche Politologe der Neokonservativen Richard Perle, den man als »Fürst der Finsternis« bezeichnet hat; oder Robert Conquest, der den Klassiker *Der große Terror* über die Säuberungen der Stalin-Ära geschrieben hat, ein Buch, das Henry Kissinger dem US-Präsidenten Richard Nixon zur Einführung in die Überlegungen hinsichtlich einer realistischen Politik gegenüber der Sowjetunion empfohlen hat.

Für meine persönliche Zukunft noch wichtiger war drittens die Teilnahme an einer anderen hochkarätigen, auch von Lasky organisierten internationalen Veranstaltung im Herbst 1992 in Berlin. Hier diskutierte man über die Erfahrungen und die Lehren aus dem Zusammenbruch des Ostblocks. Den mit Abstand interessantesten Vortrag hielt Joachim Gauck, der spätere deutsche Bundespräsident, damals »Bundesbeauftragter für die Unterlagen des Staatssicherheitsdienstes der ehemaligen DDR«, über den Aufbau und die Arbeit des Stasinetzes mit 90 000 hauptamtlichen Mitarbeitern und noch 1989 173 000 sogenannten »informellen Mitarbeitern«, also Spitzeln und Zuträgern.

Ich sprach Gauck nach der Diskussion über seinen Vortrag
an und bat ihn um Akteneinsicht, da ich herausfinden wollte,
was in den Archiven der Stasi über mich als »Frontkämpfer«
in jenem Medienkrieg vorhanden war, über den ich 1981 ein
ganzes Buch verfasst hatte. Ein anschließender Briefwechsel
mit Gauck ergab, dass über mich mengenmäßig nicht sehr
viele, aber einige »zeitgeschichtlich interessante« Dokumente
vorhanden waren. Auf einer Reise zu einer Konferenz in Bonn
habe ich dann im Sommer 1993 einen Abstecher nach Berlin
gemacht und einige Stunden in der einstigen Stasifestung in
der Normannenstraße verbracht. Was ich dort in zwei schma-
len Schnellheftern gefunden habe sowie die Ergebnisse meiner späteren Spurensuche in den ungarischen Geheimdienst-
archiven habe ich in meinen Memoiren (*Auf schwarzen Listen*,
2004, und *Leben eines Grenzgängers*, 2013) beschrieben. Diese
von Melvin Lasky angeregte Konferenz hat also in den darauf-
folgenden mehr als 25 Jahren indirekt sehr spürbare Konse-
quenzen in meinem Leben und in meinen Büchern gehabt.

Der verborgene Einfluss der CIA

Man muss allerdings bei der Beschreibung der Aktivitäten
von Melvin Lasky auch auf die Schattenseiten hinweisen, die
im Jahr 1967 sogar die Existenz des *Monat* und des *Encounter*
wie auch die ihrer Schwesterzeitschriften – *Forum* in Wien und
Tempo presente in Rom – gefährdet haben. Amerikanische Presse-
berichte enthüllten damals nämlich, dass der Pariser »Kongress für kulturelle Freiheit«, der seit den frühen 1950er-
Jahren internationale Kongresse organisiert und die vier erwähnten Zeitschriften betrieben hatte, in Wirklichkeit nicht
von privaten Stiftungen, sondern von der CIA, dem US-Ge-
heimdienst, finanziert wurde. Lasky, der bei der Gründung

des Kongresses zusammen mit Arthur Koestler und Ignazio Silone die treibende Kraft gewesen war, beteuerte bis zuletzt, die bestimmende Rolle der CIA bei der Finanzierung nicht gekannt zu haben, und er fügte stets hinzu, »wir haben gedruckt, was wir wollten«.

Wie dem auch sei, die Enthüllungen lösten eine Welle der Empörung aus; Redakteure traten zurück, und einige Autoren sagten bestellte Beiträge ab. Dass die Angriffe gegen den »Kongress für kulturelle Freiheit« zutiefst heuchlerisch und zum Teil vom Agitprop-Apparat der DDR und der Ostblockländer orchestriert wurden, wusste man schon damals. Erst nach 1989 bescheinigten die einstigen Meinungsführer in Deutschland und in Großbritannien Lasky, dass er recht gehabt hatte. Schon zur Zeit des Skandals schrieb der berühmte amerikanische Diplomat und Zeithistoriker George Kennan an Shepard Stone von der Ford-Stiftung: »Der Kongress ist eine überaus wertvolle Einrichtung. Der Skandal um das CIA-Geld war völlig unberechtigt. Man sollte wegen dieser Gelder nicht die geringsten Gewissensbisse haben. Die USA hat kein Kulturministerium, und die CIA war verpflichtet zu tun, was in ihren Kräften stand, um in die Bresche zu springen. Man sollte sie deswegen loben, anstatt sie zu kritisieren, dass sie etwas Konstruktives und Vernünftiges macht.« (zitiert in: Walter Laqueur: *Mein 20. Jahrhundert*, 2009, S. 103–104)

Melvin Lasky genoss nach der Wende den Triumph und die nachträgliche Bestätigung, dass die Antikommunisten die moralischen Sieger im Kalten Krieg waren. Das habe ich bei der Feier zu seinem 80. Geburtstag in Berlin im Januar 2000 persönlich erleben können. Es war für mich ein unvergesslich glücklicher Moment, dass auch ich ihn damals in einer kurzen Begrüßungsrede würdigen durfte. Er starb im Mai 2004 im Alter von 84 Jahren in seiner Wahlheimat Berlin.

Lord Weidenfeld, der Brückenbauer

Es war ein unvergessliches Frühstück damals im Hotel Sacher in Wien, wenn ich mich richtig erinnere, kurz nach Silvester, Anfang 1988. Gastgeber war Lord Weidenfeld, Ehrengast Bundespräsident Kurt Waldheim. Mein ältester Freund, der bekannteste österreichische Chronist des Zeitgeschehens in Print und Bild Hugo Portisch, und auch die Ehefrau des Bundespräsidenten waren dabei. Wir trafen uns nicht im Frühstücksraum des Hotels, sondern in einem separaten, der Weidenfeld-Suite angeschlossenen Zimmer.

Ich war ohne besonderen Anlass, so wie Hugo Portisch, telefonisch eingeladen worden. Unser Treffen fand inmitten des größten internationalen Skandals in der Geschichte der Zweiten Republik um die Person des 1986 mit einer deutlichen Mehrheit zum Bundespräsidenten gewählten Kurt Waldheim statt. Ich wusste, dass seine (lückenhaften) Memoiren auf Englisch vom Verlag Weidenfeld & Nicolson in London herausgegeben worden waren, aber von den alten engen Verbindungen aus ihrer gemeinsamen Studentenzeit hatte ich vor unserem Frühstück keine Ahnung gehabt. Das Frühstück fand offenbar im Rahmen der damals bereits bekannten symbolischen Rückendeckung für Waldheim durch Lord Weidenfeld statt, den wohl bekanntesten und erfolgreichsten jüdischen Flüchtling aus Österreich, der noch im Sommer 1938 nach dem Anschluss ins Vereinigte Königreich emigrieren konnte.

Der Mann, der zehn Jahre lang als UNO-Generalsekretär das Weltgewissen symbolisiert hatte, wurde seit der Wahlkampagne für die Präsidentschaft im Jahr 1986 weltweit direkt oder indirekt mit NS-Kriegsverbrechen in Verbindung gebracht, und Österreich wurde mit ihm, beziehungsweise mit den gegen ihn erhobenen, jedoch nie bewiesenen Vorwürfen identifiziert. Ich war und bin nach der Lektüre aller verfügbaren Berichte überzeugt: Kurt Waldheim hat sich im strafrechtlichen Sinne nichts zuschulden kommen lassen. Erinnerungslücken und von ihm später mehrmals bedauerte Verschleierungsversuche sind allerdings nicht zu bestreiten.

Kurz nach unserem gemeinsamen Frühstück gab die von der Bundesregierung eingesetzte internationale Historikerkommission bekannt, Waldheim sei persönlich in keine Kriegsverbrechen involviert gewesen; er habe allerdings gewusst, was er zu wissen bestritt. Trotzdem galt gegen ihn auch als Privatmann bis zu seinem Tod 2007 ein Einreiseverbot in die USA.

Das beschädigte Image Österreichs

Ich kannte Waldheim bereits seit den frühen 1960er-Jahren, als er Politischer Direktor des damals von Bruno Kreisky geführten Außenministeriums war. In der spannungsgeladenen Zeit nach seiner Wahl zum Bundespräsidenten hat er mich mehrmals in sein Büro in der Hofburg eingeladen und mich wiederholt mit neuen Dokumenten von seiner totalen Unschuld zu überzeugen versucht. Ich wollte und konnte angesichts der internationalen Dimension der Kampagne nicht untätig bleiben. Mir ging es nicht um die Person Waldheims, sondern um das Ansehen Österreichs, jenes Landes, in dem ich eine neue Heimat gefunden habe und dem ich gerade in schwierigen Zeiten beistehen wollte. Deshalb habe ich nach der Wahl Waldheims während einer zweiwöchigen USA-Vortragsreise die Proportionen richtigzustellen und der einseitigen Schwarz-Weiß-Darstellung entgegenzutreten versucht. Der Verbesserung des Images Österreichs dienten auch andere Initiativen, etwa die Vermittlung von Gesprächen für wichtige, von uns eingeladene führende internationale Publizisten zu organisieren, unter anderem mit Kardinal Franz König und dem angesehenen Nazi-Jäger Simon Wiesenthal.

In einem vertraulichen Bericht an den Bundespräsidenten, den Bundeskanzler und den Außenminister stellte ich nach meiner USA-Reise fest: Eine Möglichkeit, das Image Waldheims grundsätzlich zu verbessern, gebe es nicht, doch könne die einseitige und oberflächliche Berichterstattung über Österreich mit sachlichen Argumenten selbstkritisch korrigiert werden. Ähnlich argumentierte damals Hugo Portisch, der auch persönlich – wie er rückblickend sagt »leider meistens vergeblich« – versuchte, Waldheim bereits früh davon zu überzeugen, der Kampagne mit stichhaltigen Argumenten entgegenzuwirken. Details dazu sind nachzulesen in meinen Büchern *Mein Österreich* (2007) und *Auf schwarzen Listen* (2004).

Nur vor diesem in den letzten drei Jahrzehnten vergessenen Hintergrund kann die Bedeutung des Eintretens des weltweit angesehenen Lord Weidenfeld für Kurt Waldheim, sowohl in seiner Autobiografie wie auch in zahlreichen Interviews, begriffen werden. Wie Weidenfelds bester Freund in dessen letzten 20 Jahren, der Chef des Springer-Medienkonzerns Mathias Döpfner, in seinem bewegenden Nachruf in der *Welt* schrieb: »Weidenfeld wurde sein Leben lang nicht müde, dessen [seines Mitschülers Kurt Waldheim] Hilfsbereitschaft, Mut und Treue zu loben. Seine Demontage als überzeugter Nazi hielt Weidenfeld immer für ungerecht und sah in ihr das Ergebnis einer politischen Intrige. Waldheims Witwe hat er noch vor ein paar Jahren in Wien besucht und sich bei ihr bedankt, dass ohne die indirekte Hilfe ihres Mannes seine Flucht aus Österreich nach dem Anschluss wohl nicht möglich gewesen wäre.« (*Die Welt*, 21. Januar 2016)

Was hat denn Waldheim damals, 1938, getan? Weidenfeld hat – nach der Verabschiedung des Bundespräsidenten im Sacher – uns sinngemäß Folgendes erzählt: »Der Direktor der Diplomatischen Akademie teilte nach dem Anschluss den jüdischen Studenten mit, dass wir zwar nicht mehr in der Akademie studieren könnten, jedoch im Juni noch unser Examen ablegen dürften. Um sich auf das Examen vorzubereiten, brauchte man allerdings die Manuskripte aus den Kursen. Unter den Kommilitonen gab es einen, der ein Jahr älter war als ich und bereit war, mir seine Vorlesungsnotizen zu überlassen. Das war der spätere Bundespräsident Kurt Waldheim. Aus diesem Grund habe ich Waldheim immer verteidigt, als die große Kontroverse um seine Rolle im Zweiten Weltkrieg begann. Was er im Krieg getan hat, weiß ich nicht, aber er war unter den Studenten der Akademie der einzige, der nach dem Anschluss das Risiko auf sich nahm, ein jüdisches Haus zu besuchen. Kurt lernte an den Nachmittagen und Abenden mit mir zu Hause – so konnte ich extern doch noch meine Prüfungen machen.« Als offizielle Anerkennung für seine Verdienste als Verleger um Österreich, wohl aber auch zur symbolischen Besiegelung ihrer besonderen persönlichen Beziehung, verlieh Bundespräsident Waldheim 1989 dem Mitglied des britischen Oberhauses das Große Goldene Ehrenzeichen mit dem Stern und überreichte es auch persönlich.

Meine Freundschaft mit George Weidenfeld hing nicht mit seiner Tätigkeit als Verleger zusammen, zumal meine Bücher schon vorher von anderen amerikanischen und britischen Verlegern herausgegeben wurden. Wir haben einander erst im Jahr 1985 bei einer von *Encounter*-Herausgeber Melvin Lasky organisierten, hochrangigen internationalen Veranstaltung in London kennengelernt. In den folgenden Jahren hat er mich zu interessanten Konferenzen in Wien und Berlin eingeladen. Die engsten Kontakte entstanden in den frühen 1990er-Jahren bei den von Weidenfeld geleiteten und von der Bertelsmann Stiftung finanzierten Diskussionen des »Deutsch-Jüdischen Dialogs« (1992–2007).

Ein genialer Netzwerker

Zum Verständnis der einzigartigen Rolle und des umfassenden weltweiten Netzwerks von George Weidenfeld muss man kurz die verblüffende Erfolgsgeschichte seines Lebens skizzieren. Geboren im Jahre 1919 in Wien und aufgewachsen in bescheidenen Verhältnissen, kam er als mittelloser Flüchtling im August 1938 in London an. Er wurde von einer streng gläubigen, protestantischen Familie aufgenommen, die den jungen Juden, so Weidenfeld wörtlich, »wie ihren eigenen Sohn behandelte«. Bald danach begann er im Auslandsdienst der BBC zu arbeiten. Dank seiner schnellen Auffassungsgabe und seiner Sprachkenntnisse – er sprach auch fließend Französisch und Italienisch – gelang ihm rasch der Aufstieg zum außenpolitischen und diplomatischen Korrespondenten. In dieser Funktion traf er nicht nur die Chefs der in London ansässigen Exilregierungen der von den Nazis besetzten Nationen, sondern auch führende Vertreter des Zionismus, wie Israels ersten Präsidenten Chaim Weizmann und ersten Regierungschef David Ben-Gurion.

1949 markierte den Wendepunkt in seinem Leben: Er wurde Kabinettschef des israelischen Präsidenten Weizmann. Damals schuf er die Grundlagen jenes internationalen Netzwerks, das während der nächsten Jahrzehnte über Israel hinaus politische und kulturelle Weichen stellen sollte. Er blieb aber nur ein Jahr in dieser Schlüsselfunktion. Ein Jahr zuvor hatte er mit Nigel Nicolson, der aus einer berühmten Schrift-steller-Familie stammte, den Verlag Weidenfeld & Nicolson gegründet und dem Kompagnon sein Ehrenwort gegeben, dass er nach einem Jahr aus Jerusalem zurückkehren würde. Der Verlag wurde durch die Veröffentlichung von Standard-werken über Politik und Wissenschaft sowie von Vladimir Nabokovs Skandalroman *Lolita* ein großer Erfolg. Als Zeichen der Anerkennung wurde Weidenfeld 1969 zum Sir geadelt und sieben Jahre später als Lord ins Oberhaus berufen.

Mit dem Verkauf des Verlags 1991 begann George Weiden-felds zweites Leben – jenes des internationalen Brückenbauers über alle Grenzen hinweg, das auch zu seinem Engagement im »Deutsch-Jüdischen Dialog« und zu intensiven Kontakten zwischen uns führte. Stephan Sattler, sein enger Freund, deut-scher Journalist und Berater des Zeitungsherausgebers Hubert Burda, beschrieb Weidenfelds politisches Credo so: »Er war ein unbeugsamer Zionist, ein leidenschaftlicher Verfechter der europäischen Zusammenarbeit und ein tief überzeugter Trans-atlantiker. Europäische und transatlantische Allianzen beur-teilte er immer auch, wenn nicht überwiegend, unter dem Ge-sichtspunkt: Nützt es Israel?« Was Weidenfelds persönliches Verhältnis zum Judentum betrifft, sprach Mathias Döpfner in meinem langen Gespräch mit ihm von seiner »flammenden Leidenschaft und Liebe zum säkularen Israel. George war nie ein gläubiger Jude, sprach weder Hebräisch noch hat er die Gebote eingehalten, er war ein total säkularer Jude, und die-ses säkulare Israel, das war seine Welt, und er hat immer ge-sagt, das ist kein religiöses Engagement, es ist auch kein natio-nales Engagement, das ist so eine Art ›tribal engagement‹ für eine Wertegemeinschaft.«

Dieses stets offen deklarierte Bekenntnis zu Israel als »geis-tiger Heimat« und zu England als »Adoptivheimat« muss aber durch sein besonderes Verhältnis zu Bundeskanzler Helmut

162

Kohl und zum demokratischen Deutschland ergänzt werden, um seine herausragende Rolle bei der Geburt des »Deutsch-Jüdischen Dialogs« zu verstehen. Wie kam es zu diesem Verhältnis? Weidenfeld hatte kurz nach dem Fall der Berliner Mauer einen Artikel in der Londoner *Times* veröffentlicht, in dem er für Vertrauen in die Deutsche Bundesrepublik warb. Die Bundeskanzler Adenauer, Brandt, Schmidt und Kohl hätten ein westlich geprägtes, demokratisch gefestigtes Land geschaffen, auf dessen Bündnistreue man sich verlassen könne, auch wenn eine Konföderation mit dem zweiten deutschen Staat in der Zukunft möglich erscheine. Dieser aufsehenerregende Artikel und Weidenfelds spätere Rolle als Strippenzieher hinter den Kulissen trugen dazu bei, dass die britische Regierung schließlich den Widerstand gegen die Wiedervereinigung aufgab.

Die Initiative zur Gründung eines Arbeitskreises mit jüdischen Persönlichkeiten ging von Bundeskanzler Kohl aus, der Weidenfeld nach seinem Lob für Deutschland schnell kontaktiert hatte. Der Journalist Stephan Sattler, der mit seiner Frau Rachel Salamander, der Gründerin einer Kette von jüdischen Buchhandlungen in der Bundesrepublik, in die Anknüpfung der Kohl-Weidenfeld-Kontakte involviert war, betont deren Bedeutung auch hinsichtlich der Überlegungen Weidenfelds, nach dem Verkauf seines Verlags eine neue Rolle in seinem Leben, die des politischen Beraters und Brückenbauers, zu finden: »Helmut Kohls Werben für ein wiedervereinigtes Deutschland in einer wachsenden Europäischen Union und das Interesse am Bestand des israelischen Staates – in Weidenfelds Person, der sich als äußerst kundiger Interpret der Politik Kohls erwies, kam beides zur Synthese. Der ›Deutsch-Jüdische Dialog‹ bildete ein Forum, das zumindest in den Eliten Deutschlands, Israels und der angloamerikanischen Welt ein neues, entspanntes Meinungsklima schuf, was die Wahrnehmung Deutschlands, den Umgang mit dem Holocaust, das Verhältnis zwischen Israel und Deutschland anbetrifft. Viele Spannungen wurden durch das diplomatische Geschick von George Weidenfeld ausgeglichen.«

Die Treffen des »Deutsch-Jüdischen Dialogs«

Von einer unabhängigen Warte aus betrachtet, da ich weder Deutscher noch Israeli, sondern ungarischer Jude bin, der sich voll zu seiner neuen Heimat Österreich bekennt, teile ich die Meinung Stephan Sattlers, dass die Zusammensetzung und die Atmosphäre dieses Dialogs mehr einem Salon entsprach als einem wissenschaftlichen Seminar. Ich nahm an vielen internationalen Konferenzen der Bertelsmann Stiftung teil. Sowohl auf hoher Ebene mit Regierungschefs und EU-Kommissionspräsidenten wie auch in Sonderausschüssen über die Spannungen im Kosovo oder die Lage der ungarischen Minderheit in der Slowakei waren die Diskussionen stets interessant. Ich muss aber offen aussprechen, dass für mich als Holocaust-Überlebender und sich auch in den österreichischen Vergangenheitsdebatten zu Wort meldender Publizist die »Deutsch-Jüdischen Dialoge« die mit Abstand spannendsten Debatten waren. Sowohl die Themen wie auch die meist brillanten Vorträge und die manchmal leidenschaftlichen Wortgefechte blieben unauslöschlich in meinem Gedächtnis.

Wer waren die Teilnehmer? In erster Linie Vertreter der jüdischen Gemeinde aus Deutschland und des Staates Israel einerseits und deutsche Wissenschaftler und Politiker andererseits. Bei den Abendessen vor den eigentlichen Arbeitssitzungen hielten unter anderem die Bundespräsidenten Roman Herzog und Johannes Rau, die Bundeskanzler Helmut Kohl und Gerhard Schröder sowie Spitzenpolitiker wie Wolfgang Schäuble und Rita Süssmuth Reden mit anschließender Diskussion. Namhafte Journalisten und Wissenschaftler aus den Vereinigten Staaten und Großbritannien nahmen, abhängig von den Themen, auch teil. Die Bertelsmann Stiftung, die die Zusammenkünfte organisierte und die Reise- und Übernachtungskosten deckte, lud jeweils rund 30 bis maximal 40 Personen ein. Die Veranstaltungen wurden vom Politikwissenschaftler Professor Werner Weidenfeld in seiner Eigenschaft als Geschäftsführer der Bertelsmann Stiftung geleitet. Bei den Arbeitssitzungen moderierte immer George Weidenfeld gemeinsam mit ihm, und es gab keine Zweifel, dass auch bei der Auswahl der Gäste er das entscheidende Wort sprach.

Ich nahm zum ersten Mal Anfang 1994 und dann noch sieben oder acht Mal an den jährlichen Dialogen teil. Die Sitzungen waren der Presse nicht zugänglich, und die eingeladenen Journalisten waren in ihrer persönlichen Eigenschaft und nicht als Berichterstatter anwesend. Nach den jeweils vier oder fünf Vorträgen scheuten die Zuhörer keine offene Diskussion. Ich erinnere mich lebhaft an einen unglaublich scharfen Wortwechsel im Januar 1997 zwischen Ehud Olmert, dem damaligen Bürgermeister von Jerusalem, der einen scharfen Kurs einschlug und zu keinen Konzessionen an die palästinensischen Einwohner bereit war, und dem großen britischen Historiker Tony Judt über die Politik Israels. Olmert wurde übrigens später Regierungschef und nach seinem Rücktritt als erster früherer Ministerpräsident Israels wegen Bestechung angeklagt und in mehreren Verfahren zu insgesamt 27 Monaten Gefängnis verurteilt. Anfang Juli 2017 wurde er nach 16 Monaten vorzeitig aus dem Gefängnis entlassen.

Auch nach anderen Vorträgen hochrangiger offizieller Vertreter Israels erlebte ich immer wieder, wie israelische Journalisten und Wissenschaftler die Siedlungspolitik ohne Rücksicht auf die Stellung der Redner vorbehaltlos angriffen oder ihre Argumente spöttisch widerlegten. Nichts illustrierte –

trotz Missständen und Fehlern – den lebendigen Charakter der israelischen Demokratie besser als diese im Ausland, noch dazu im Land der einstigen Täter, unbekümmert fortgesetzten Streitgespräche zwischen den israelischen und den im Ausland lebenden jüdischen Persönlichkeiten. Das heikle Thema des »jüdischen Lebens in Deutschland« und die israelischen und amerikanischen Reaktionen wurde ebenso freimütig diskutiert wie die Frage der deutschen Entschädigungspolitik.

Aus mehreren persönlichen Gründen bleibt für mich der »Deutsch-Jüdische Dialog« in Warschau am 5./6. März 2002 ein unvergessliches Erlebnis. Erstens hatte man die Teilnehmer im selben (freilich inzwischen kostspielig renovierten) Hotel Bristol untergebracht, in dem ich als ungarischer Korrespondent 45 Jahre zuvor gewohnt hatte. Zweitens schrieb ich in meinem Buch über *Antisemitismus ohne Juden. Entwicklungen und Tendenzen in Osteuropa* 1972 einen detaillierten Bericht über die abstoßende, als »Antizionismus« verkleidete, judenfeindliche Kampagne des kommunistischen Regimes. Wer hätte gedacht, dass nun in demselben Land der Präsident der Republik, Aleksander Kwaśniewski, am Vorabend der Arbeitssitzung in einer Rede die Vergangenheit ohne Vorbehalte vor uns verurteilen und sich für einen neuen Anfang zwischen Polen, Juden und Deutschen aussprechen würde.

Ähnlich kritisch in alle Richtungen und zugleich mit Leidenschaft für den ehrlichen Umgang mit der Vergangenheit sprach der ehemalige Außenminister und Botschafter in Wien, der Auschwitz-Häftling und katholische Patriot Władysław Bartoszewski. Mit den Themen »Jüdisches Leben in Deutschland und Polen« und »Zum Stand von Entschädigungen und Restitution« befassten sich bekannte polnische und jüdische Intellektuelle und Verbandsvertreter. Man spürte bei den teilnehmenden Deutschen, Polen und Juden aus beiden Ländern die Bereitschaft zur offenen Diskussion. Wie auch bei den anderen Veranstaltungen unserer Gruppe waren die informellen Gespräche beim Frühstück, Mittag- und Abendessen oft noch spannender als die Debatten im Plenum.

Ein für mich besonders wichtiges Ereignis war anlässlich des Dialogs im Juli 2000 im Palais am Festungsgraben in Berlin das Thema »Haider und die Folgen«. Außer mir hielten Tony Judt, der französische Politologe Dominique Moïsi und der Historiker Shlomo Avineri von der Hebrew University of Jerusalem Kurzreferate mit anschließender Diskussion. Wieder einmal sorgte George Weidenfeld durch die Zusammensetzung der Runde der Vortragenden für eine spannende Debatte. Wer erinnert sich heute noch an die »hysterische Dämonisierung« (so der Philosoph Rudolf Burger) Jörg Haiders und die überzogene Kampagne nach der Bildung der schwarz-blauen Regierung Anfang 2000? Oder daran, dass *Le Monde* in Paris drei Tage nacheinander Karikaturen brachte, die unter anderem Österreich als Naziland abbildeten, wo ein Zug in ein KZ mit der deutschsprachigen Aufschrift »Arbeit macht frei« fährt, und dass 40 französische Künstler zu einem kulturellen Boykott aufriefen?

Wie in meinen publizistischen Stellungnahmen in Print und Bild betonte ich auch bei dem Dialog, dass Haider, das heißt seine damalige 1,2 Millionen starke Wählergruppe (fast 27 Prozent), das Produkt des auf Geschichtslügen aufgebauten Nachkriegssystems und der Ablehnung der Auswüchse der Proporzwirtschaft, freilich auch der geschickten Ausnützung der tatsächlichen oder vermeintlichen Missbrauche in der Asylpolitik, sei. Auch der bekannte Zeithistoriker und Direktor des Remarque Institutes in New York, Tony Judt, verdammte unter anderem die gesamte EU-Politik gegenüber Österreich als »heuchlerisch und schädlich«. Moïsi und Avineri waren in ihren Urteilen schärfer.

Die letzten Jahre

Der »Deutsch-Jüdische Dialog« war allerdings nur eine (wenn auch für mich die wichtigste) der Weidenfeld-»Erfindungen« im Rahmen seiner weltumfassenden Netzwerke und internationalen Konferenzprojekte. Mit dem »Club of Three«, gegründet 1996, der Meinungsmacher und Wirtschaftsführer aus Deutschland, Frankreich und Großbritannien zusammenführte, schuf er, mit der Unterstützung von Bundeskanzler Helmut Kohl, ein erfolgreiches internationales Konferenzprojekt. Und 2006 gründete er das (auch nach seinem Tod aktive) »Weidenfeld Institute for Strategic Dialogue«. Im März 2019 wurde an der University of Sussex das von der deutschen Regierung geförderte »George Weidenfeld Institute of Jewish Studies« eröffnet. Die Konferenzen waren seine große Leidenschaft. Wir haben uns in Wien und Salzburg, London und New York, Berlin und Potsdam bei Konferenzen und »privat« getroffen. Eine große Freude war für mich, dass George Weidenfeld die englischsprachige Ausgabe meines Österreich-Buches auf der Umschlagseite empfohlen und dann an der Österreichischen Botschaft in London mit mir präsentiert hat.

Eine der schönsten Erinnerungen ist ein Abendessen zu seinen Ehren anlässlich seines 90. Geburtstags im Jahr 2009 in der Wiener Hofburg, gegeben von Bundespräsident Heinz Fischer. Der Gastgeber bedankte sich besonders dafür, dass sich Lord Weidenfeld nach den Ereignissen zwischen 1938 und 1945 nicht unversöhnlich von seiner einstigen Heimat abgewandt, sondern alles darangesetzt habe, Gräben zu überwinden und Vertrauen wieder aufzubauen.

Das wichtigste Thema seiner letzten Jahre, sowohl bei den von ihm angeregten diversen Konferenzen wie auch in seinen seit 1998 für die *Welt* und *Welt am Sonntag* verfassten Kolumnen, war die Bedrohung nicht nur Israels, sondern des gesamten freien Westens durch die verheerenden Folgen des islamistischen Terrors. Er starb am 20. Januar 2016, umgeben von seiner Familie, in London, aber der aus Berlin auf dem Handy zugeschaltete engste Freund, Mathias Döpfner, hörte, wie Weidenfeld, bevor er das Bewusstsein verlor, lachend Wienerlieder sang.

George Soros, der berühmteste, reichste und umstrittenste Auslandsungar

Unter den vielen interessanten Menschen, die ich in Print oder Bild interviewt habe, war zweifellos George Soros die faszinierendste und widersprüchlichste Persönlichkeit. Zur Zeit unseres langen ORF-Fernsehinterviews 1995 in Wien galt der damals 65-jährige gebürtige Ungar als der genialste Investor der Wall Street, dem es drei Jahre zuvor durch eine scheinbar waghalsige Spekulation gelungen war, »das Pfund zu knacken«, die britische Währung zum Ausstieg aus dem Europäischen Währungssystem zu zwingen und dadurch einen Gewinn von einer Milliarde Dollar für die Teilhaber seines Quantum-Fonds zu erzielen. Durch ähnlich erfolgreiche Spekulationen in Frankreich, Italien und Japan verdiente Soros in diesem Jahr selbst 650 Millionen Dollar. Ein Anteil an seinem Quantum-Fonds, der 1969 für 41,25 Dollar verkauft wurde, hatte Mitte 1994 bereits einen Wert von 22.600 Dollar.

Natürlich stand im Mittelpunkt unseres auf Englisch geführten Gespräches die internationale Finanzlage mit besonderem Gewicht auf der Zukunft des US-Dollars, damals die unbestrittene Leitwährung der Welt. Soros war skeptisch gegenüber der künftigen finanziellen Stabilität, wenn auch nicht so pessimistisch wie in seinen späteren Büchern und Prophezeiungen. Damals traf ich zum ersten Mal den Mann, der sich selbst in diversen Interviews gleichzeitig als ungarischer Jude, als gescheiterter Philosoph und als »Staatsmann ohne Staat« beschrieben hat. Ich kann und will nicht verschweigen, dass ich ihn nicht nur und nicht einmal in erster Linie wegen seiner Genialität als Finanzinvestor und auch nicht einmal wegen seiner einzigartigen Leistung als Philanthrop bewundere. Er steht mir auch aus persönlichen Gründen sehr nahe.

Ich bin auch ein ungarischer Jude, genau um ein Jahr älter als George Soros, auch in Budapest geboren und erlebte hautnah samt meiner Familie den Massenmord an 564 000 ungarischen Juden, begangen vor allem in Auschwitz, aber auch in Ungarn durch die deutschen Nazis und ihre ungarischen Komplizen. Auch ich musste im Alter von 15 Jahren der Gefahr des Todes ins Auge blicken, weil ich Jude war; meine Großeltern und 29 Verwandte fielen dem Holocaust zum Opfer.

Wir kommen beide aus einer Familie assimilierter Juden. Mein Vater war auch Anwalt gewesen und musste auch als Offizier der österreichisch-ungarischen Armee vier Jahre in russischer Gefangenschaft verbringen. Ich bin auch Agnostiker, nie Zionist gewesen und habe viele Jahre meines Lebens damit zugebracht, mit meinen diversen Identitäten als Jude, Ungar, Österreicher und Europäer klarzukommen, so wie ich dieses Ringen in meinen autobiografischen Schriften und im Buch *Mein Österreich* beschrieben habe.

Der große Philanthrop

Diese Ähnlichkeiten ändern allerdings nichts an den gewaltigen Unterschieden zwischen unseren Lebenswegen. George Soros ging bereits 17-jährig nach London, wo er an der London School of Economics vor allem durch die Persönlichkeit des aus Wien gebürtigen Philosophen Sir Karl Popper und dessen Buch *Die offene Gesellschaft und ihre Feinde* geprägt wurde. Als Anfänger im Finanzmanagement wanderte er mit 5000 Dollar in der Tasche in die USA aus, wo er durch geschickte Spekulationen mit seinen diversen Investmentfonds bereits 1979 über ein persönliches Vermögen von 100 Millionen Dollar verfügen konnte.

In diesem Jahr fand er seine Mission, lange vor dem Zusammenbruch der kommunistischen Regime, durch die Gründung einer Stiftung die Idee der offenen Gesellschaft in erster Linie in den Ostblockländern zu fördern. Im Lauf der Jahre bewies Soros nicht nur wiederholt sein unvergleichliches Talent zum Geldmachen, sondern auch seine Bereitschaft, es für den Aufbau oder die Stärkung der Zivilgesellschaft weltweit großzügig zu verschenken. Bereits zur Zeit unseres TV-Gesprächs hatte er durch seine Open Society Foundations internationales Ansehen als ein »Ein-Mann-Marshallplan« (*Newsweek*), als »der einflussreichste Ausländer im gesamten ehemaligen Sowjetreich« gewonnen. Seine Unterstützung für das vom polnischen Philosophen Krzysztof Michalski 1982 in Wien gegründete »Institut für die Wissenschaft vom Menschen« (IWM) und seine Teilnahme an diversen, zum Teil vom IWM organisierten internationalen Konferenzen boten mir Möglichkeiten, ihn mehrmals zu treffen.

Ich habe von seiner bahnbrechenden Initiative zum ersten Mal bei einem Besuch in Budapest Mitte der 1980er-Jahre gehört. Als Philanthrop im Minenfeld der kommunistischen Welt hat Soros bei der Auswahl Ungarns eine glückliche Hand gehabt. Erstens kannte er natürlich sein Heimatland am besten, und als gebürtiger Ungar fiel es ihm leichter, in seiner Muttersprache Gegner und Freunde richtig einzuschätzen.

Zweitens war das Kádár-Regime damals aus historischen Gründen mit Abstand das offenste und gemäßigtste im Ostblock. Vor dem düsteren Hintergrund des Oktober-Aufstands 1956 und der blutigen sowjetischen Intervention hat Kádárs vorsichtiger Reformkurs ohne Gefährdung des kommunistischen Machtmonopols und der Sowjetherrschaft den viel geprüften Ungarn fühlbare Freiräume ermöglicht. Soros war bereit gewesen, mit einer seit seinen Holocaust-Erfahrungen als Jugendlicher geschärften Intuition Risiken einzugehen. Nicht nur bei Finanztransaktionen galt sein Leitspruch: »Nichts schärft den Verstand so wie die Gefahr. Sie stimuliert mich. Das ist ein essenzieller Teil meiner Geisteskraft.«

Das massive Engagement der Soros-Stiftung in Ungarn war natürlich ein Tanz auf dünnem Eis. Auf die Vorwürfe der Rechtsnationalisten nach der Wende, er hätte im Interesse seiner Stiftung mit dem kommunistischen Regime kollaboriert, antwortete Soros ohne Umschweife: »Natürlich haben wir kollaboriert. Die Kommunisten wollten mich ausnützen, und ich wollte sie ausnützen. Das war die Grundlage der Kollaboration. Die große Frage war, wer schließlich der Sieger sein würde. In Ungarn haben wir die Schlacht zweifellos gewonnen.« (*Soros über Soros*, 1996)

Drittens, und das dürfte auch laut Soros der wichtigste Grund gewesen sein, fand er in der Person von Miklós Vásárhelyi einen »wunderbaren Berater. Der Erfolg der ungarischen Stiftung ist in großem Maße seiner politischen Weisheit und Geschicklichkeit und auch dem Respekt, den man ihm weltweit entgegenbringt, zu verdanken.« (*Soros über Soros*, 1996) Vásárhelyi (1917–2001), den ich seit meinem 20. Lebensjahr als junger Kollege gekannt und bewundert hatte, war in der Tat eine Ausnahmeerscheinung. Reformkommunist und Pressesprecher der Regierung Imre Nagy während des Aufstands von 1956, musste er fast vier Jahre im Gefängnis verbringen, hatte lange Jahre Berufsverbot und spielte dann wieder eine wichtige Rolle vor und nach der Wende. Bis zu seinem Tod war er Vorsitzender der Open Society Foundations in Ungarn.

Die Soros-Stiftungen

Der Durchbruch in Ungarn hat den Weg für die Soros-Stiftungen auch in anderen Ostblockländern geöffnet, aber vielleicht nirgends waren die politisch-kulturellen Folgen für die Aushöhlung der kommunistischen Diktatur so bedeutend wie in der Heimat des inzwischen zum US-Staatsbürger gewordenen Philanthropen. Die Schenkung von Hunderten modernen Kopiergeräten im Wert von vier Millionen Dollar an Bibliotheken, Spitäler und andere Institutionen, einschließlich der neu entstandenen Bewegungen und Gruppen der Zivilgesellschaft, wie zum Beispiel die Jugendgruppe Fidesz, hat trotz der politischen Kontrolle durch die geschwächte Staatspartei den freien Fluss von Gedanken und Informationen ermöglicht. Noch wichtiger war vielleicht die Tatsache, dass 3200 junge Ungarn (Politiker, Schriftsteller, Übersetzer, Studenten) Stipendien der Stiftung für ein Studium an ausländischen Universitäten erhielten.

Es würde den Rahmen dieses Kapitels sprengen, wenn man Einzelheiten wie die Finanzierung von Frühstücken für Zehntausende Kinder in den Volksschulen oder die Schenkung von in Ungarn damals noch nicht verfügbaren modernen medizinischen Geräten an viele Spitäler, die zielgerichtete Bildungshilfe für Roma-Gemeinschaften oder die Unterstützung karitativer Institutionen zwecks Hilfe für arme oder sozial benachteiligte Schichten detailliert beschreiben würde.

Laut den Angaben der Stiftung betrug die Hilfe für Ungarn seit 1984 insgesamt über 400 Millionen Dollar. Doch selbst diese Leistung verblasst fast, verglichen mit der Bedeutung der Gründung der Central European University (CEU) in Budapest im Jahr 1992. Soros machte keinen Hehl aus der Tatsache, dass er zuerst Prag als Sitz der Universität in Aussicht genommen hatte. Allerdings sei damals – im Gegensatz zu Präsident Václav Havel – der neue Ministerpräsident Václav Klaus aus politischen und persönlichen Gründen gegen die Idee der Universität gewesen, meinte Soros und fügte hinzu, Klaus verkörpere die schlechtesten Seiten der westlichen Demokratie, genau wie die vorrevolutionäre Regierung die schlechtesten Seiten des Kommunismus verkörpert habe.

Wie dem auch sei, Klaus' Weigerung erwies sich als Segen für den internationalen Ruf Ungarns. Die CEU wird als eine der weltweit 50 besten Universitäten klassifiziert. Mit 1440 Studenten aus 107 Staaten (einschließlich 400 Ungarn), mit Professoren aus 40 Ländern gilt sie als die angesehenste Hochschule des Landes. Seit der Gründung haben 13 000 Studenten (2100 aus Ungarn) die CEU absolviert. Soros hat mit einer einmaligen Schenkung von 250 Millionen Dollar (zusätzlich zur bereits erwähnten Summe von 400 Millionen) die langfristige Existenz der CEU gesichert.

Der Glanz des CEU-Projektes darf aber nicht die anderen bedeutenden Erfolge der Soros-Stiftungen völlig in den Schatten stellen. Es genügt, auf Russland hinzuweisen, wo er Ende der 1990er-Jahre das Fünffache dessen gespendet hat, was die US-Regierung an Zuwendungen gewährte. Rund 100 Millionen Dollar bekamen über 20 000 russische Wissenschaftler, und 250 Millionen Dollar kostete ein ehrgeiziges Programm zur Herausgabe revidierter russischer Schulbücher und die Ausbildung russischer Lehrer. Ein 50-Millionen-Dollar-Projekt wurde mit der Bosnienhilfe nach den Jugoslawienkriegen, unter anderem für die Wasserversorgung von Sarajevo, verwirklicht.

Zwischen 1979 und 2017 sind weltweit 14 Milliarden Dollar in Tausende Projekte geflossen. In über einhundert Ländern engagieren sich die Open Society Foundations und die von Soros unterstützten 60 Nichtregierungsorganisationen (NGOs) wie Human Rights Watch, Amnesty International etc. für Bildung und Gesundheitswesen, Pluralismus, Meinungsfreiheit und Bildung. Rund 1800 Angestellte sind in 35 Ländern tätig, die unter der Obhut von 20 Gremien jährlich eine Milliarde Dollar verteilen. Über die Unterstützung für die Konzeption einer offenen Gesellschaft hinaus spendete Soros 20 Millionen Dollar für die erfolglose Kampagne der Demokraten gegen die zweite Präsidentschaft von George W. Bush und 25 Millionen für Hillary Clinton und andere Kandidaten der Demokraten im Wahljahr 2016.

Der Verleumdungsfeldzug

Von Anfang an war der Milliardär in seiner doppelten Eigenschaft als gerissener Börsenspekulant bewundert, beneidet und verachtet, als zielbewusster Philanthrop verehrt und bekämpft. Er selbst habe es als die größte Herausforderung seines Lebens empfunden, schrieb er in seinem Buch *Soros über Soros*, die verschiedenen Facetten seiner Persönlichkeit unter einen Hut zu bringen. »Doch heute fühle ich mich wie aus einem Guss.« Ursprünglich hatte er 2010, im Alter von 80 Jahren, die Stiftung schließen wollen. Doch die Angriffe der Nationalisten und Populisten gegen die liberale Demokratie und die Zivilgesellschaft, gegen die Minderheiten und Flüchtlinge hätten ihn überzeugt, dass seine Mission fortgesetzt werden sollte, sagte er in einem Interview. Die Entscheidung wurde im Oktober 2017 bekannt: Er hatte der Open Society Foundations 18 Milliarden Dollar seines persönlichen Vermögens geschenkt. Damit stieg die Summe, die der Philanthrop seit 1979 gestiftet hat, auf insgesamt 34 Milliarden Dollar. Die Soros-Stiftung ist heute die zweitgrößte Wohltätigkeitsstiftung – nach der Bill-und-Melinda-Gates-Stiftung – in den Vereinigten Staaten, und Soros gilt als mit Abstand wichtigster privater Spender in den Staaten im einstigen sowjetischen Machtbereich.

Noch nie war ein so reicher Mann bereit gewesen, den Großteil seines Reichtums gezielt zu verschenken, um die offene Gesellschaft voranzutreiben, die Werte der liberalen Demokratie und die Rechte der Minderheiten zu verteidigen, wie George Soros, der als junger Flüchtling in London als Kellner und Bademeister seine märchenhafte Karriere angefangen hatte. Was immer man ihm für fragwürdige Transaktionen auf dem Weg zum Milliardär vorwerfen mag, unvergleichlich wichtiger ist, was er mit seinem Reichtum gemacht hat.

Man geht in der Annahme kaum fehl, dass das, was in seiner Heimat Ungarn seit dem Machtantritt der Orbán-Regierung geschah und geschieht, seine Entscheidung zugunsten der maximalen Unterstützung der Open Society Foundations und ihres zukünftigen Weiterbestehens bestimmt hat. Hier kommen wieder parallele Tendenzen in unser beider Leben, über die Ähnlichkeit der Lebensläufe unserer Väter hinaus, zum Tragen. Trotz der gewaltigen Unterschiede in den Dimensionen und den Folgen der Kampagnen wurden wir beide, ungarische Juden, ich mit einem österreichischen, er mit einem US-Reisepass, vom Regime des einstigen Soros-Stipendiaten und ungarischen Ministerpräsidenten Viktor Orbán als Feinde Ungarns verleumdet und angegriffen. In meinem vergleichsweise unbedeutenden Fall war mein auch auf Ungarisch und Englisch erschienenes Buch *Mein verspieltes Land – Der Umbruch in Ungarn* (2010) der auslösende Moment.

Was aber war der Grund für den in der modernen europäischen Geschichte beispiellosen Verleumdungsfeldzug gegen George Soros, dessen Leistungen ich hier beschrieben habe? Der seit September 2016 als Rektor der CEU tätige, international angesehene kanadische Zeithistoriker Michael Ignatieff stellte in einem Interview (*HVG*, 15. Juni 2017) zu Recht fest: »Niemand hat so viel für Ungarn getan wie er, und niemand wurde so zu Unrecht geschmäht.« Ich habe George Soros im Lauf der letzten Jahrzehnte bei diversen Anlässen getroffen, so auch in der Hofburg anlässlich des im Herbst 2017 von Bundespräsident Alexander Van der Bellen zum 35. Jahrestag der Gründung des IWM gegebenen Empfangs. Wie viele andere Beobachter fand ich es unerträglich, dass eine in der mittel- und osteuropäischen und erst recht in der ungarischen Geschichte so unverzichtbare, bedeutende Persönlichkeit im Alter von 87 Jahren als eine Art »Dämon der Flüchtlingskrise«, als der Organisator einer internationalen Kampagne gegen Ungarn, als der Verantwortliche für die Flüchtlingsströme dargestellt wird, noch dazu von denen, die von ihm unter dem kommunistischen System substanzielle finanzielle und moralische Hilfe bekommen haben. Eine besonders pikante Note am Rande ist, dass zahlreiche Fidesz-Würdenträger, von Viktor Orbán bis Staatspräsident János Áder, gerade von George Soros als Stipendiaten in Oxford in den 1980er- und 1990er-Jahren sehr beträchtliche finanzielle Hilfen bekommen haben. In sozialen Medien wie YouTube kann man sogar Orbán selbst hören, wie er 1988 stolz deklariert, er sei ein Soros-Stipendiat.

Ministerpräsident Orbán selbst hat in seiner wöchentlichen Rundfunksendung bereits im Herbst 2015 das Signal für die Angriffe gegen Soros wegen seiner Flüchtlingskonzepte und seiner weltweiten Hilfe für Menschenrechts- und Flüchtlingsorganisationen gegeben. Mit der Zuspitzung der

Flüchtlingskrise und der Kritik an der Solidaritätsverweigerung Ungarns und später Polens sowie der Slowakei griff Orbán im Mai 2016 die Soros-Stiftung als eine »Hintergrundmacht« an, die die Zuwanderung von einer Million Muslimen jährlich nach Europa propagiere und die national gesinnten Regierungen, allen voran Ungarn, schwächen wolle und sogar die Europäische Union vor ihren Karren gespannt habe. Im Frühjahr und Sommer 2017 wurde nach den Kampagnen unter dem Motto »Stoppt Brüssel« George Soros persönlich mit einer beispiellosen Mobilisierung als Feindbild, als Symbol für eine existenzielle Bedrohung Ungarns durch äußere und innere Feinde aufgebaut. Im ganzen Land ließ die Regierung riesige Plakate aufhängen, auf denen ein grinsender Soros in Großaufnahme zu sehen war, versehen mit den Worten: »Lassen wir nicht zu, dass Soros zuletzt lacht.«

Andere Plakate zeigten Soros als Puppenspieler, der die Oppositionspolitiker tanzen lässt. Es wurde auch im Ausland mehrfach darauf hingewiesen, dass die ganze Kampagne einen antisemitischen Beigeschmack habe. Alle staatlichen und von Fidesz-nahen Oligarchen kontrollierten Fernseh- und Radiosender, landesweiten und regionalen Zeitungen und Online-Portale verbreiteten die Botschaft Orbáns, Soros verfolge einen schändlichen Plan, Europa mit Millionen Migranten zu überfluten, Ungarn zu einem Einwanderungsland zu machen und dem Land wie dem Kontinent seine kulturelle Identität zu rauben. Der Staatssekretär im Wirtschaftsministerium András Aradszki sprach im September 2017 sogar von einer »christlichen Pflicht«, den »satanischen Plan von Soros« zu durchkreuzen.

Erneut war es Orbán, der den Ton in der gleichzeitigen Kampagne gegen die Europäische Union, die ein Verfahren gegen Ungarn wegen der Verletzung elementarer Grundlagen der Rechtsstaatlichkeit eröffnet hatte, und im Feldzug gegen Soros gesetzt hat. Er erklärte im September 2017 im ungarischen Parlament: »Die Brüsseler Bürokraten arbeiten an der Umsetzung des Soros-Planes und fressen Soros aus der Hand.« Obwohl sowohl die Open Society Foundations wie auch die EU-Kommission und sogar der von Fidesz entsandte ungarische EU-Kommissar die Existenz eines solchen Planes wiederholt bestritten, konzentrierte sich das Orbán-Regime vor den Parlamentswahlen Anfang April 2018 vornehmlich auf den »teuflischen Soros-Plan«. Kurz vor den Wahlen erklärte Orbán, in Ungarn seien 2000 »Soros-Söldner« enttarnt worden, es arbeite »eine ganze Söldnerarmee gegen die ungarische Regierung«.

Zugleich lief eine Kampagne gegen auch zum Teil oder gänzlich von der Soros-Stiftung finanzierte NGOs, die sich in Ungarn und anderen ostmitteleuropäischen Staaten für offene und demokratische Gesellschaften einsetzen. In Ungarn haben diese NGOs die Verwicklung von Regierungsmitgliedern in Korruptionsaffären und in Menschenrechtsverletzungen im Umgang mit Migranten aufgedeckt und dokumentiert. Wie schon erwähnt, ist George Soros auch der Erfinder, Gründer und großzügige Financier der Central European University (CEU). Seit dem gezielten Vorgehen gegen die CEU durch eine im Schnellverfahren beschlossene Novellierung des Hochschulgesetzes stellte die Regierung die Existenz der Universität infrage. Trotz der Protestdemonstration von 80 000 Jugendlichen in Budapest, den Warnungen der Europäischen Kommission und den weltweiten Protesten von 650 verschiedenen akademischen und kulturellen Institutionen wurde die CEU Ende 2018 zum teilweisen Abzug aus Budapest gezwungen. Die Orbán-Regierung hatte die Unterzeichnung des nötigen Vertrages mit dem Staat New York verweigert und dadurch die Rechtssicherheit und Planung für die Universität verunmöglicht. Die CEU wird ab dem Studienjahr 2019/20 einen großen Teil der Programme, vor allem für die amerikanischen Abschlüsse notwendige postgraduale Lehrgänge, nach Wien verlagern. Die Kosten des Umzugs werden auf rund 150 Millionen Euro geschätzt. Dazu kommt, dass die Mieten, Gehälter und Stipendien in Wien mehr kosten als in Budapest. Ob und wie lange ein Teil der CEU (nur für ungarische Diplome) samt der reichhaltigen Bibliothek und einem neuen Campus in Budapest bleiben und funktionieren wird können, ist völlig ungewiss.

Ein Empfang in Soros' Wohnung

Inmitten dieser spannenden und bedrohlichen Vorgänge hat die Oxford University Press die erweiterte englischsprachige Ausgabe meiner Orbán-Biografie in New York herausgebracht, in deren letztem, ergänztem Kapitel die von Viktor Orbán persönlich angestimmte und dirigierte Kampagne detailliert beschrieben wird. Verschiedene angesehene Universitäten wie Johns Hopkins in Washington, Columbia in New York und die Universität von Kalifornien in Berkeley haben mich aus diesem Anlass gebeten, Vorträge über die Entwicklung in Ungarn zu halten. Ein österreichischer Freund und Mitarbeiter von Soros hat ihn über meine US-Reise und mein neues Buch informiert. Es war für mich eine erfreuliche Überraschung, dass George Soros bereit war, eine Präsentation für mich und meine Frau Zsóka in seiner Stadtwohnung in Manhattan, mit einem anschließenden Abendessen in kleinem Kreis, zu veranstalten.

Zufällig wurde der Termin für den Empfang auf den 15. März 2018, den Jahrestag der ungarischen Märzrevolution von 1848 gegen die Habsburger, festgesetzt. Wir wurden gebeten, uns eine halbe Stunde vor dem Empfang in der Wohnung einzufinden. Soros hat uns, zusammen mit Alexander, seinem zweitjüngsten Sohn und Stellvertreter an der Spitze der Stiftung, aufgeregt und verärgert empfangen. Wegen des Zeitunterschiedes von sechs Stunden zwischen Budapest und New York hatte er soeben den ausgedruckten vollständigen ungarischen Text der am frühen Vormittag bei einer festlichen Massenversammlung gehaltenen Rede von Ministerpräsident Viktor Orbán erhalten. Darin beschäftigte er sich nicht mit der historischen Bedeutung des Freiheitskampfs, sondern griff immer wieder die Person Soros und dessen Imperium an, die, gemeinsam mit der Zentrale der UNO und der Europäischen Union, Ungarn brechen, den ungarischen Grenzzaun (gegen Serbien und Kroatien) niederreißen und die auf nationalen Grundlagen stehende ungarische Regierung beseitigen wollten. Im Sinne des von ihm stets beschworenen permanenten Ausnahmezustands gegen die äußeren und inneren Feinde rief Orbán drei Wochen vor den Parlamentswahlen zum Kampf »nicht gegen die blutleeren Oppositionsparteien auf, sondern gegen ein organisiertes Imperium mit internationalem Netzwerk, von ausländischen Konzernen und inländischen Oligarchen unterhaltene Medien, professionelle bezahlte Aktivisten, Unheil stiftende Organisatoren von Demonstrationen, die durch internationale Spekulanten finanzierte NGO-Kette, die der Name von George Soros zusammenfasst und die er verkörpert. Gegen diese Welt müssen wir kämpfen, um unser Selbst zu verteidigen«. (MTI, ungar. Nachrichtenagentur, 15.3.2018)

Das war die geballte Kernbotschaft der Fidesz-Wahlkampagne, seit Monaten in unzähligen Variationen von den Orbán-Leuten und ihren Medien wiederholt. George Soros zeigte mir die besonders giftigen Stellen und auch eine bereits auf Englisch übersetzte Erklärung unabhängiger Roma-Persönlichkeiten. Seine Stiftung hatte seit den 1990er-Jahren

300 Millionen Dollar für die Förderung der zehn bis zwölf Millionen Roma in Europa ausgegeben. Er gab mir das ungarische Original und die englische Übersetzung der Roma-Erklärung.

Ich war überrascht von seinem leidenschaftlichen Kommentar. Angesichts dessen, was er für Ungarn getan hat, war sein Ärger natürlich völlig verständlich, doch er kam unerwartet, zumal die unflätigen Beschimpfungen und aus der Luft gegriffenen Erfindungen überhaupt nicht neu waren. Dass er doch so sichtlich betroffen war, deutete darauf hin, dass er wegen der Vorgänge in seiner Heimat, vor allem wegen der ebenso gehässigen wie absurden Angriffe, tief verletzt war. Wir konnten uns über die Orbán-Rede aber nicht lange unterhalten, weil inzwischen die ersten der rund 40 Gäste für die Buchpräsentation angekommen waren. Journalisten und Kritiker, Autoren und Wissenschaftler diskutierten mit ihm und mit mir über die Lage in Ungarn, George Soros sah die Wahlaussichten ebenso realistisch, das heißt pessimistisch, wie ich und rechnete mit einem sicheren Fidesz-Sieg, wenn auch nicht mit einer Zweidrittelmehrheit. Seine freundliche Voraussage bei der Begrüßung, dass mein Buch ein sofortiger Bestseller sein würde, hat sich leider nicht bewahrheitet, wenn auch die Besprechungen in den Qualitätszeitungen durchaus positiv waren.

Während dieser rund fünf Stunden in der großräumigen Wohnung auf zwei Etagen, vor allem beim Abendessen im kleinen Kreis, gewann ich schon damals den Eindruck, dass er fest entschlossen war, die CEU, das Herzstück seines weltumfassenden Stiftungsnetzwerks, durch die Übersiedlung nach Wien zu retten. Mit Kati Marton, der in Ungarn gebürtigen Autorin und Witwe von Richard Holbrooke, dem berühmten Diplomaten und Architekten des Dayton-Abkommens zur Beendigung der Bosnien-Kriege, Peter Osnos, dem

Verleger der letzten erfolgreichen Soros-Bücher, und Jan-Werner Müller, dem bekannten Politologen von der Princeton University, und seiner ungarischen Frau diskutierten wir nicht nur über Ungarn, sondern auch über die Krise der EU und natürlich über die Zukunft der Präsidentschaft Donald Trumps. Mit einem Anflug von Selbstironie bemerkte Soros, dass er mit seiner Wette auf einen Börsenabsturz nach Trumps Wahlsieg »viel Geld« (die Zeitungen berichteten über den Verlust von einer Milliarde Dollar) verloren habe.

Scheitert die liberale Demokratie?

Der dritte Wahlsieg Orbáns mit einer Zweidrittelmehrheit hat kurz nach unserem Treffen die schlimmsten Befürchtungen bestätigt. Das sogenannte »Stop Soros«-Gesetzespaket stellt die Hilfe für Flüchtlinge und Asylwerber praktisch in allen Fällen unter Strafe. NGOs, die Flüchtlingen helfen, müssen eine Genehmigung des Innenministeriums haben und eine 25-prozentige Strafsteuer auf ausländische Spendeneinnahmen entrichten. Darüber hinaus können sie vom Geheimdienst überwacht und wegen der Nichterfüllung von schikanösen Auflagen verboten werden. Die Europäische Kommission eröffnete wegen dieser Gesetze zwei Rechtsverfahren gegen Ungarn.

Auch nach den Wahlen geht die Kampagne gegen die Soros-Stiftung und die von dieser unterstützten NGOs weiter. Die regierungsnahe Wochenzeitung *Figyelő* veröffentlichte unter dem Titel »Die Leute des Spekulanten« eine Liste mit Namen von 200 angeblichen Soros-Söldnern, darunter Wissenschaftler der CEU, Mitarbeiter von Amnesty International, Transparency International und anderen NGOs. Zwei Wochen nach der Wahl gab die Open Society Foundations bekannt, dass sie wegen der Sorge um die Sicherheit ihrer Mitarbeiter ihre Aktivitäten und ihr Personal von Budapest nach Berlin verlege. Mit Ende August 2018 wurde das Büro der allerersten Soros-Stiftung, die ab 1984 so viel für Ungarn getan und rund hundert Mitarbeiter beschäftigt hatte, geschlossen. Eine zutiefst symbolträchtige Entscheidung.

George Soros ist nicht nur in seiner Heimat zu einer Hassfigur geworden. Überall wo autoritäre Regierungen oder korrupte Politiker unter öffentlichen Druck geraten, wird, von Rumänien bis zur Slowakei, George Soros' »unsichtbare Hand« und die seiner Stiftungen verantwortlich gemacht. Nachdem Soros einer britischen Gruppe, die für eine zweite Brexit-Volksabstimmung wirbt, 500.000 Dollar geschenkt hat, wurde er auch zur Zielscheibe der Londoner Boulevardpresse. In den Vereinigten Staaten wird er wegen seiner öffentlichen Stellungnahmen gegen Donald Trump und seiner finanziellen Unterstützung für die Kandidaten der Demokraten außerordentlich scharfen und oft verlogenen Angriffen seitens republikanischer Politiker und Medienmanager ausgesetzt.

Überall in Europa erlebt man einen fast triumphalen Aufstieg der Nationalisten und Populisten. Die Verteidiger der Werte der liberalen Demokratie sind in der Defensive. George Soros ist wegen seines Judentums, seines Reichtums und seiner globalen Vision einer freien und offenen Gesellschaft eine geradezu ideale Hassfigur für Reaktionäre und Antisemiten aller Couleurs, für die Putin- und Orbán-Versteher, die Verbreiter alter und neuer Verschwörungstheorien.

Es besteht die reale Gefahr, dass der erfolgreichste Investor der Wall Street, der größte individuelle Wohltäter Ungarns und des einstigen Ostblocks, der weltberühmte Kämpfer für die liberale Demokratie nicht nur in seiner Heimat, sondern auch international mit seinem humanistischen und aufklärerischen Engagement, dem er das letzte Kapitel seines Lebens und den Löwenanteil seines Vermögens gewidmet hat, Schiffbruch erleiden könnte.

Das Orbán-Rätsel

Seit Viktor Orbán dreimal – 2010, 2014 und 2018 – in Ungarn jeweils eine Zweidrittelmehrheit der Parlamentssitze bei scheinbar freien Wahlen gewonnen hat, werde ich im Ausland, vor allem seit der Herausgabe meiner Orbán-Biografie, oft gefragt: Wie schafft er das, »der Orbán«? Warum gibt es keine Demonstrationen wie zum Beispiel in Polen oder in der Slowakei? Warum ist die Opposition so schwach und so gespalten?

Die Ursachen für die Wahlerfolge liegen auf der Hand. Die Wahlen waren frei, aber nicht fair. Die Medien sind fast zur Gänze von der Regierungspartei Fidesz oder von Orbán-freundlichen Oligarchen kontrolliert. Das Wahlgesetz wurde im Interesse der Regierung geändert: Die Auslandsungarn im Westen konnten auch ohne Wohnsitz in Ungarn die ungarische Staatsbürgerschaft erhalten und ohne genaue Kontrollen brieflich ihre Stimme abgeben. Dagegen mussten die mehr als eine halbe Million im Ausland arbeitenden Ungarn mit Wohnsitz in ihrer Heimat, da mehrheitlich wahrscheinlich nicht regierungsfreundlich eingestellt, sich bei den jeweiligen ungarischen Vertretungen zwecks Stimmabgabe zur Registrierung melden. Orbáns Ungarn ist nicht mehr eine lupenreine Demokratie, weil auch die Justiz, die Polizei, die Verwaltung und das Bankenwesen immer lückenloser von der Fidesz-Partei kontrolliert werden. Das Land ist schrittweise in eine von dem »starken Mann« kontrollierte Kleptokratie besonderer Art verwandelt worden.

Trotzdem sind die Fragen nach dem Warum völlig berechtigt. Orbáns Ungarn ist nämlich nicht – oder noch nicht – eine offene Diktatur wie Putins Russland oder Alijews Aserbaidschan. Die Grenzen sind offen, die Ein- und Ausreise wird nicht kontrolliert, die angemeldeten Demonstrationen werden ohne polizeiliche Störung zugelassen. Im Parlament finden Sitzungen statt, bei denen die Opposition Anfragen an die Regierung und an den Ministerpräsidenten stellen darf. Ebenso wie zum Beispiel unter dem Horthy-Regime von 1920 bis 1944 gibt es einen trügerischen Schein parlamentarischer Demokratie. Orbán sei ein opportunistischer Politiker, den nicht Ideologien, sondern ausschließlich Machtinteressen leiten, und sein Verrat bestehe darin, dass er das zerstört, was er vor 30 Jahren selbst aufgebaut habe (András Bozóki). Die Philosophin Ágnes Heller spricht von einer »postmodernen Tyrannei«, mit selektiven, anfänglich weich scheinenden, aber ständig festeren Formen der Unterdrückung.

Wenn man nach den Wurzeln dieser einzigartigen Situation forscht, müssen folgende historische Faktoren betrachtet werden:

1. Die Wandlungen und Brüche in der ungarischen Geschichte, besonders seit dem Zusammenbruch der Monarchie, im Hinblick auf den Charakter und die Zusammensetzung der ungarischen Nation.
2. Der Trianon-Komplex und die Erscheinungsformen des ungarischen Nationalismus.
3. Die besondere Rolle des ungarischen Judentums vor und nach der Schoah.
4. Die Tradition des »starken Mannes« – Horthy, Kádár und Orbán.
5. Die komplexen Beziehungen zwischen der Europäischen Union und der ungarischen Regierung.

1. Die Brüche in der Geschichte Ungarns

Man muss bei der Betrachtung der politischen Entwicklung in Ungarn immer davon ausgehen, dass die Magyaren, abgesehen von den Albanern, das einsamste Volk in Europa sind, mit einer einzigartigen Sprache und Geschichte. Arthur Koestler, der ungarisch träumte, aber seine Bücher auf Deutsch, später auf Englisch schrieb, sagte einmal: »Vielleicht erklärt sich aus dieser exzeptionellen Einsamkeit die seltsamste Intensität seiner Existenz. Ungar zu sein ist eine kollektive Neurose.« Diese Einsamkeit ist mit vielen Facetten der bestimmende Faktor in der ungarischen Geschichte geblieben. Die Angst um den langsamen Tod einer kleinen Nation und um das Aussterben des Ungartums bildet den Hintergrund zur Dominanz der Todesbilder in Dichtung und Prosa. Eine lange Kette von schicksalhaften Niederlagen verstärkte das Gefühl des Ausgeliefertseins (»Wir sind das verlassenste von allen Völkern der Erde«, so der Nationaldichter Sándor Petőfi) und erfüllte fast alle Generationen mit einem tief verwurzelten Lebenspessimismus. Trotz der Jahrhunderte der Fremdherrschaft durch die Türken und die Habsburger vermochten die Ungarn ihre Identität zu bewahren. Deshalb habe ich mit Blick auf den Ausgleich 1867 (nach der Niederwerfung des Freiheitskampfs 1848/49) und auf die schöpferische Überlebenskunst (nach der blutigen Niederschlagung des Oktoberaufstands von 1956) meinem Buch *Die Ungarn* (1999) den Untertitel »Sieger in Niederlagen« gegeben.

Es war die leidenschaftliche Heimatliebe, die den Ungarn die Kraft gab, zwischen Deutschen und Slawen, ohne Verwandte und durch die »Chinesische Mauer« ihrer Sprache getrennt, zu überleben und die Katastrophen zu überstehen. Unter der Stephanskrone als Symbol der »politischen Nation« bahnte sich ein wechselvolles, zuweilen von glanzvollen Erfolgen, manchmal von tragischen Konflikten geprägtes Verhältnis zwischen Ansässigen und Eroberern, Zugereisten und Ausgegrenzten an. Einen der Schlüssel zum Verständnis des Aufstiegs und Zusammenbruchs liefern die Mahnungen um 1030 des Königs Stephan des Heiligen, des christlichen Staatsgründers, an seinen Sohn: »Ein Land, das nur einerlei Sprache und einerlei Sitten hat, ist schwach und gebrechlich, begegne darum, mein Sohn, den Ansiedlern und behandle sie anständig, damit sie mit und bei dir lieber verweilen als anderswo …« So kamen bereits seit dem 11. Jahrhundert Deutsche und Slowaken, Rumänen und Kroaten, Serben und Juden und wurden vom Ungartum sozusagen aufgesogen. Es gehört zu den von nationalistischen Chronisten auch heutzutage verschwiegenen Zügen der ungarischen Geschichte, dass viele gefeierte Helden, die politischen und militärischen Führer der Freiheitskämpfe gegen die Türken und die Habsburger, aber auch herausragende Figuren der Literatur und der Wissenschaft gänzlich oder zum Teil fremder Herkunft waren.

Die ungarische Staatsidee war bei der Unterdrückung der Nationalitäten nicht rassistisch, sondern ausschließlich kulturell ausgerichtet. Jeder, der sich zum Ungartum bekannte, hatte die gleichen Aufstiegschancen. Infolge der Dynamik der sprachlichen und politischen Assimilation zwischen dem Ausgleich 1867 und 1910 dürfte laut Statistiken die Zahl der zu Magyaren gewordenen Juden rund 700 000, der Deutschen über 600 000 und der Slowaken eine halbe Million betragen haben. Insgesamt schätzt man, dass bereits vor dem Ersten Weltkrieg der Anteil der assimilierten Deutschen, Slawen und Juden mehr als ein Viertel der Magyaren ausmachte. Nur so konnte der Anteil der Magyaren auf 48 Prozent der Bevölkerung der ungarischen Reichshälfte gesteigert werden. Diese loyalen Migranten waren bereit, die vom ungarischen Mittel-

und Kleinadel stets abgelehnte Arbeit in den Bereichen Wirtschaft und Finanz sowie in den intellektuellen Berufen zu übernehmen. In den Worten eines ungarischen Historikers: »Die Ungarn schufen den Staat; die Deutschen die Städte.« Es war auch die »goldene Zeit« des assimilationswilligen Judentums um die Jahrhundertwende.

Zur Zeit des Milleniums, der groß angelegten Tausendjahrfeiern 1896 zur Landnahme im Jahr 896, standen völlig unrealistische Zukunftsvisionen eines großen Reiches der Stephanskrone im Donauraum hoch im Kurs. Wenn man heute manche Reden Viktor Orbáns, gehalten in Kasachstan oder Aserbaidschan über die asiatische Verwandtschaft, liest oder seine Aufrufe zur Steigerung der Geburtenrate hört, wird der berühmte Artikel des Chefredakteurs der Tageszeitung *Budapesti Hírlap*, Jenő Rákosi (der selber deutscher Abstammung war), aus dem Jahr 1899 in Erinnerung gerufen: »Was wir brauchen, sind 30 Millionen Ungarn! Dann würden wir den Osten Europas haben …« Ungarn brauche nur eine zahlenmäßige Überlegenheit, so argumentierte Rákosi, um zur Führungsmacht für Österreich, Tschechien, Rumänien, Serbien, Bosnien und Dalmatien zu werden.

2. Das Trauma von Trianon

Nur vor diesem Hintergrund kann man den profunden Schock des Trianon-Diktats vom 4. Juni 1920 und die bis heute spürbare Wunde dieser größten Tragödie der ungarischen Geschichte verstehen. Die herrschende Nation und ihr tausendjähriges Stephansreich wurden erbarmungslos amputiert und die Beute – zwei Drittel des Staatsgebietes und zwei Drittel der Bevölkerung – unter den drei Nachbarstaaten Rumänien, Tschechoslowakei und Jugoslawien aufgeteilt. Fast 3,3 Millionen Ungarn lebten fortan unter fremder Oberhoheit, obwohl die Hälfte von ihnen an den Grenzen der drei Nachfolgestaaten ihre geschlossenen Siedlungsgebiete behielten.

Das Volk war wie traumatisiert. Zwischen 1918 und 1920 verließen rund 400 000 Menschen die abgetrennten Gebiete – auch wenn der Vertrag von Trianon die Abtrennung erst 1920 besiegelte. Zehntausende mussten viele Monate lang mit Notquartieren in Waggons auf den Bahnhöfen oder in improvisierten Baracken vorliebnehmen. Diese aus der Herrenschicht zu Heimatlosen degradierten, politisch wachen Menschen bildeten ein Sammelbecken für Extremisten aller Art, für populistische Rattenfänger und die Todesschwadronen radikal nationalistischer und antisemitischer Offiziere.

Für fast alle ungarischen Familien, auch für unsere, verbargen sich hinter diesen trockenen Zahlen geliebte Menschen. Keine Statistik kann die Gefühle der betroffenen Familien widerspiegeln. Von einem Tag auf den anderen wurden unsere Verwandten in Siebenbürgen, in Bratislava (für uns Pozsony) und in der Vojvodina (Vajdaság) »Ausländer«. Obwohl ich erst 15 Jahre später in die Volksschule gegangen bin, wurde uns am Beginn und am Ende des Unterrichts die ungarische Glaubensformel eingeprägt:

Ich glaube an einen Gott,
Ich glaube an ein Vaterland,
Ich glaube an eine ewige göttliche Gerechtigkeit,
Ich glaube an ein Wiederaufstehen Ungarns!
Amen.

Von mütterlicher Seite lebten meine Großeltern, zwei Onkel und eine Tante in Rumänien, von väterlicher Seite mein Onkel und zwei Cousinen in der Slowakei, und andere Verwandte unter anderem in Zagreb. In den Kindergärten und den Schulen, bei Gottesdiensten und in der Presse wurde während der gesamten Zwischenkriegszeit der Gedanke an eine Rückgliederung der verlorenen Gebiete wachgehalten. Trianon erwies sich für ein ganzes Jahrhundert als ein verhängnisvolles Hindernis für die Demokratisierung und für die Öffnung nach Europa. Die einzige Frage, die die Ungarn in den nächsten Jahrzehnten beschäftigte, war, ob die Revision des Vertrages von Trianon auf friedlichem Wege oder nur durch einen siegreichen Weg zu erreichen sei. Die Tag für Tag wiederholten Parolen »Nem, nem, soha!« (Nein, nein, niemals!) und »Rumpf-Ungarn ist kein Reich, Groß-Ungarn das Himmelreich« prägten selbst 20 Jahre nach Trianon das tägliche Leben in den Schulen und auch in den Heimen der direkt betroffenen Familien.

Seit der Teilung Polens sind die Großmächte mit keinem Staat Europas so unbarmherzig und so ungerecht umgegangen wie mit dem historischen Ungarn. Was war der Grund dafür, dass Ungarn in einer schicksalhaften Stunde seiner Geschichte weder bei den Siegern noch in der öffentlichen Meinung des Westens Unterstützung fand? Die Antwort lautete bis zum Zusammenbruch des Horthy-Regimes, also 25 Jahre lang, unverändert so: Die Schuldtragenden seien allein die Verräter der alten Ordnung, allen voran Graf Mihály Károlyi, der erste Präsident der Republik. Als Sündenböcke wurden seine jüdischen Handlanger ausgemacht. Die von Béla Kun angeführten jüdischen Bolschewisten figurierten als Hauptschuldige an der Fehlentwicklung. »Die jüdischen Agenten des Weltbolschewismus«, die alle nationalen und christlichen Werte zersetzenden jüdischen Intellektuellen und die jüdischen Schwarzmarktmillionäre, die von dem Elend der Nation und der Frontsoldaten profitierten, hätten Ungarn ins Unglück gestürzt. Kurz, die Juden, und sie allein, hätten Trianon und die ungarische Tragödie zu verantworten. Über die verfehlte National- und Außenpolitik der letzten 50 Jahre nach dem Ausgleich herrschte bis zum Zusammenbruch 1945 tiefes Schweigen.

3. Antisemitismus und Schoah in Ungarn

Die ungarische »Dolchstoßlegende« war von ungeheurer Bedeutung für die Dynamik des ungarischen Antisemitismus der Zwischenkriegszeit. Obwohl rund 10 000 ungarische Juden im Ersten Weltkrieg an der Front gefallen waren, wurde der Jude zum Todfeind der ungarischen Nation schlechthin erklärt. Nach ihrem unvergleichlichen Aufstieg in der Monarchie war die ungarische jüdische Gemeinde die erste in Europa, die nach dem Ersten Weltkrieg, im September 1920, einer antijüdischen Gesetzgebung unterworfen wurde. Die Mythologie einer Revisionskampagne und ein zügelloser Nationalismus bildeten die Grundlage jenes verhängnisvollen Kurses, der letzten Endes Ungarn als treuen Satelliten Hitler-Deutschlands im Zweiten Weltkrieg in eine neuerliche Katastrophe führte. Mithilfe der Achsenmächte gelang es dem Horthy-Regime ab 1938 in zweieinhalb Jahren, von unbeschreiblichem Jubel begleitet, fast die Hälfte der durch Trianon verlorenen Gebiete von der Tschechoslowakei, Rumänien und Jugoslawien zurückzugewinnen. Das Staatsgebiet wurde um 85 Prozent und die Bevölkerung um 58 Prozent auf fast 15 Millionen vergrößert.

Es war ein trügerischer Sieg, weil in den zurückgewonnenen (nach Kriegsende freilich wieder verlorenen) Gebieten nicht nur zwei Millionen Ungarn, sondern auch drei Millionen Slawen und Rumänen lebten. Das störte weder die verblendete Öffentlichkeit noch die meistens nationalistischen Offiziere und Staatsbeamten, die die Verwaltung übernahmen. Die scheinbaren Triumphe im Schlepptau des Dritten Reiches begeisterten auch uns jüdische Volks- und Mittelschüler. Ebenso meine Großeltern, Onkel und Tanten in Siebenbürgen oder meinen Onkel, Arzt in Pressburg, die sich, wie so viele andere ungarische Juden, häufig mit großem persönlichen Risiko unter der Fremdherrschaft mit der Sache Ungarns identifiziert hatten.

Während man Reichsverweser Horthy als »Országgyarapító« (Landesvermehrer) feierte, wurden 1938, 1940 und 1941 nacheinander drei immer schärfere sogenannte »Judengesetze« verabschiedet.

Auch im Rückblick wäre es falsch zu behaupten, ausschließlich die Deutschen hätten Ungarn zu den Judengesetzen gezwungen. Der große Denker István Bibó legte in einem 1948 veröffentlichten, aber erst 40 Jahre später einer breiteren Öffentlichkeit zugänglichen Essay seinen Finger auf die bis heute nicht verheilte Wunde, darauf nämlich, dass die Judengesetze den »moralischen Verfall der ungarischen Gesellschaft« markierten: Bibó bilanzierte »ein erschreckendes Bild der Habgier, der hemmungslosen Verlogenheit und im besten Fall eines berechnenden Strebertums eines beträchtlichen Teiles dieser Gesellschaft« (*Zur Judenfrage,* 1990, S. 42).

Die tragische Folge der Erweiterung des Staatsgebietes war die Erhöhung der Zahl der Juden um 80 Prozent auf 725 000. Die Zahl der als Juden qualifizierten Konvertiten wurde auf 100 000 verdreifacht. Statt der Rückkehr der erhofften »guten Friedenszeiten« wurden auch die »heimgeholten« Juden mit der vollen Härte der drei Judengesetze konfrontiert und nach dem deutschen Einmarsch von der »Endlösung« bedroht. Auch meine Familie in Siebenbürgen und in der Südslowakei gehörte zu den 564 000 nachgewiesenen Opfern des ungarischen Holocaust. Meine Großeltern mütterlicherseits, Tanten, Onkel und Cousinen, insgesamt 33 Erwachsene und Kinder, waren unter den Ersten, die aus den zurückgewonnenen Dörfern in Siebenbürgen nach Auschwitz deportiert wurden. Nirgends in Mittel- und Osteuropa wurden die Juden so schnell und so brutal in den Tod geführt wie in Ungarn. Die in Budapest tätigen deutschen Diplomaten und selbst die von Adolf Eichmann kommandierte SS-Sondereinheit waren durch das Tempo der Deportationen angenehm überrascht. In knapp sieben Wochen haben die ungarischen Staatsbahnen mit 147 Zügen 437 000 Juden nach Auschwitz deportiert. Nach dem missglückten Absprungversuch Horthys und nach der durch deutsche Hilfe ermöglichten Machtergreifung durch die faschistischen Pfeilkreuzler haben die Mordkommandos noch Zehntausende Juden in Budapest und auf dem Todesmarsch nach Österreich umgebracht.

Ich habe durch Glück und jugendlichen Übermut bei der Flucht vom Todesmarsch überlebt. Meine persönlichen Erlebnisse als 15-jähriger Gymnasiast in Todesgefahr habe ich in meinen Erinnerungen (*Auf schwarzen Listen*, 1996, und *Leben eines Grenzgängers*, 2013) beschrieben. Die gleichaltrige, berühmte ungarisch-jüdische Philosophin Ágnes Heller hat mich trotzdem in einer ansonsten freundlichen Buchbesprechung kritisiert, dass ich die schlimmsten Erfahrungen, die wir in zwar separaten Schutzhäusern, aber doch unter ähnlichen Umständen machten, aus welchem Grund immer größtenteils nicht erzählt hatte. Vielleicht hat Ágnes Heller recht. Es war freilich kein bewusstes Versagen des Gedächtnisses, sondern wohl unbewusst die von Nietzsche empfohlene Kunst des Vergessens, denn, so Nietzsche: »Zu allem Handeln gehört Vergessen.«

So kehrte die Vergangenheit für mich erst nach Jahrzehnten in Budapest in voller Schärfe zurück. Seitdem meine Frau Zsóka und ich in der Neu-Leopoldstadt eine kleine Wohnung haben, gehe ich während unserer Aufenthalte in Budapest stets an dem Haus vorbei, an dessen Wand eine ungarisch- und englischsprachige Gedenktafel daran erinnert, dass dort in der »Schreckenszeit 1944/45« Tom Lantos (1928–2008) Zuflucht gefunden hat. Er war der einzige Holocaust-Überlebende im US-Repräsentantenhaus (1981 bis zu seinem Tod). In Sichtweite, in der Hollán-Straße 47, befindet sich das Schweizer Schutzhaus, in dem wir, zusammengepfercht mit mehr als

40 Menschen in einer Dreizimmerwohnung, die zwei Monate bis zur Befreiung in Todesangst überleben konnten.

Über diese Zeit kann ich auch heute noch nicht als distanzierter, neutraler Beobachter, sondern immer noch nur als Zeitzeuge, als Mitbetroffener, sprechen. Deshalb möchte ich hier den deutschen (Exil-)Schriftsteller Hans Sahl zitieren, der einmal sagte:

»Wir sind die Letzten.

Fragt uns aus.

Wir sind zuständig.«

Mehr als sieben Jahrzehnte nach dem Holocaust in Ungarn hat das brisante Thema der mangelhaften Verarbeitung der eigenen Schuld unerwartet einen internationalen Skandal ausgelöst. Dieser überschattete nicht nur die von der Orbán-Regierung geplanten Feiern zum Holocaust-Gedenkjahr 2014. Eine ganze Reihe gravierender symbolischer Provokationen entlarvte damals schon die doppelgesichtige Regierungspolitik der heimlichen Rehabilitierung der Horthy-Ära und der Relativierung der ungarischen Mitschuld an der Ermordung von zwei Dritteln der ungarischen Juden. Zum Verständnis muss man darauf hinweisen, dass die Wahrheit über Täter und Mitläufer trotz des verlogenen »Antifaschismus« des kommunistischen Regimes zwischen 1948 und 1989 verschwiegen, verschleiert oder verzerrt dargestellt wurde. Deshalb müssen wir den tatsächlichen Ablauf nach dem deutschen Einmarsch am 19. März 1944 kurz in Erinnerung rufen.

Zwei grundsätzliche Werke (Christian Gerlach / Götz Aly: *Das letzte Kapitel. Realpolitik, Ideologie und der Mord an den ungarischen Juden.* Stuttgart 2002 und Krisztián Ungváry: *Die Bilanz des Horthy-Regimes.* Pécs 2012, auf Ungarisch) beschreiben und beweisen, gestützt auf zahlreiche Daten und Dokumente, die aktive Mitwirkung der politischen Elite

Ungarns und die breite gesellschaftliche Kollaboration bei der Erfassung, Ghettoisierung, Plünderung und Deportation der ungarischen Juden. Es waren rund 200 000 ungarische Polizisten, Gendarmen, Beamte und Freiwillige, und nicht die weniger als 100 Personen des deutschen Besatzungskommandos, die diese groß angelegte Operation effizient und gnadenlos abgewickelt haben. Weder wurde die ungarische Armee, noch wurden die Ordnungskräfte von den einmarschierenden deutschen Truppen entwaffnet. Reichsverweser Miklós Horthy blieb in Amt und Würden. Durch seine öffentlichen Auftritte legitimierte er die neue Situation; auch das Parlament tagte weiter.

Erst vor diesem Hintergrund wird die Empörung nicht nur der jüdischen Gemeinde, sondern der ungarischen und internationalen Historiker und Holocaustforscher über die geschichtsverfälschende Kampagne der Orbán-Regierung verständlich. Die Ursünde wurde bereits in der feierlichen Einleitung zur neuen Verfassung 2011 begangen. Das von der Fidesz-Partei geschaffene neue Grundgesetz behauptet, dass Ungarn ab dem Tag der deutschen Besetzung seine »nationale Selbstbestimmung« verloren habe und dass demnach für all das, was nach der Besetzung geschah, nicht mehr der ungarische Staat die Verantwortung trage, sondern die Besatzungsmacht. Das Denkmal, das in einer Nacht-und-Nebel-Aktion im Juli 2014 im Herzen der ungarischen Hauptstadt trotz heftiger ungarischer und internationaler Proteste zum Gedenken an die Besetzung Ungarns durch Nazi-Deutschland errichtet wurde, war die logische Folge dieser Geschichtsklitterung. Das Denkmal zeigt einen deutschen Reichsadler, der sich auf den Ungarn symbolisierenden Erzengel Gabriel stürzt. »Zum Gedenken an die Opfer« ist auf den Säulen auf Englisch, Deutsch, Russisch und Hebräisch eingraviert. Dieses Denkmal stellt laut einem Protestschreiben von 26 ungarischen

Historikern sowohl die deportierten Juden als auch die kollaborierenden Täter als »Opfer« dar. Das Bild Ungarns als unschuldiger Engel sei völlig falsch, sagen die Kritiker zu Recht, die Kampagne diene nur dem Zweck, jede Mitverantwortung Ungarns am Holocaust zu leugnen.

Ministerpräsident Viktor Orbán hat mehrmals in Reden bei Treffen jüdischer Organisationen und bei Auftritten im Ausland seine Entschlossenheit im Kampf gegen den Antisemitismus bekundet, und dieses Argument wurde von ihm wiederholt während der Flüchtlingskrise auch zur Rechtfertigung der Errichtung eines »Eisernen Vorhangs« im Süden zur Abwehr der Flüchtlinge und Migranten verwendet. Auch die Renovierung von mehreren wichtigen Synagogen in Budapest und in einigen Provinzstädten wurde mit großem finanziellen Aufwand fortgesetzt. Zugleich hat aber die Orbán-Regierung die Forderungen der jüdischen Gemeinde nach einem Verzicht auf die Aufstellung des umstrittenen Denkmals und auf das vorgesehene Projekt zur Errichtung eines neuen Holocaust-Gedenkzentrums ignoriert.

Es ging und es geht nicht um die Frage, ob Orbán Antisemit ist oder nicht. Er ist ein zynischer Machtpolitiker, und das verbindet ihn mit dem israelischen Ministerpräsidenten Benjamin Netanjahu, der den eigenen Botschafter in Budapest nach dessen Protest gegen eine antisemitische Karikatur des Milliardärs und Philanthropen George Soros öffentlich gemaßregelt hat. Die Wahlsiege von Fidesz 2014 und 2018 haben klar gezeigt, dass der nationalistische Kurs, vermischt mit verklausuliertem Antisemitismus und gezielter Rehabilitierung der Horthy-Ära, maßgeblich zur Gewinnung des rechten Randes und zur Stagnation der rechtsextremen Jobbik-Partei (allerdings auf einem relativ hohen Niveau) beigetragen haben.

Die ohne Einbeziehung der jüdischen Gemeinschaft, der Öffentlichkeit und internationaler Experten geplante inhaltliche

Ausrichtung des Projektes für ein neues Holocaust-Gedenkzentrum wurden von Mazsihisz, der größten Organisation der rund 80 000 bis 100 000 ungarischen Juden, und von internationalen jüdischen Institutionen kritisiert. Maria Schmidt, die Projektleiterin, ist eine Multimillionärin und enge Beraterin des Ministerpräsidenten, die in dem von ihr geschaffenen sogenannten »Haus des Terrors« die Verantwortung des Horthy-Regimes für den ungarischen Holocaust praktisch totgeschwiegen hatte. Ihre Qualifikation als Historikerin wird von allen Fachwissenschaftlern angezweifelt. Man befürchtet also nicht ohne Grund, dass das neue Holocaust-Gedenkzentrum, das »Haus der Schicksale«, einer ähnlichen Art der Geschichtsklitterung dienen wird. Dass die vom Rabbiner Slomó Köves geführte, betont Orbán-freundliche orthodoxe Chabad-Sekte seit Herbst 2018 offiziell als von Schmidt bestimmte und geförderte Mitgestalterin und Werberin für das kostspielige Zentrum auftritt, zeigt wieder einmal die erfolgreiche Spaltungstaktik des Orbán-Regimes.

»Null Toleranz« im Kampf gegen den Judenhass, so lautet die offizielle Linie der Regierung. Doch zugleich inszeniert sie die von der Europäischen Union verurteilten, antisemitischen Karikaturen und die mit antisemitischen Untertönen angereicherte »Stop Soros«-Kampagne und trägt mit Instituten und Schulbüchern zur Rehabilitierung eines Horthy-Kultes und zur Bagatellisierung der ungarischen Mitschuld am Massenmord bei. Es stimmt schon, dass Orbáns Ungarn bisher von Terroranschlägen und antisemitischen Ausschreitungen verschont geblieben ist. Was indessen in dem Land in Orbáns bereits neun Jahre während Ära geschieht, ist eine zum Teil verschleierte, zum Teil offene Pflege der nationalistischen und rassistischen Vorurteile, deren Erfolg auch in den erschreckend hohen Zahlen bei internationalen Umfragen über antisemitische, antimuslimische, Anti-Roma- und fremdenfeindliche Gefühle und Einstellungen der ungarischen Bevölkerung zum Ausdruck kommt.

4. Die Tradition des »starken Mannes«

Um zum »Orbán-Rätsel«, also zur Stabilität seiner persönlichen Machtposition und zur Schwäche der Opposition zurückzukehren, müssen wir die Tradition des »starken Mannes« in der ungarischen Zeitgeschichte unter die Lupe nehmen. Wenn man die drei am längsten dienenden Führungspersönlichkeiten – Miklós Horthy (1919–1944), János Kádár (1956–1988) und Viktor Orbán (1998–2002 und 2010 bis heute) in Betracht zieht, dann sehen wir, dass in den letzten 100 Jahren diese drei Politiker insgesamt 70 Jahre an der Macht waren. Den verhassten Diktator Mátyás Rákosi beachten wir in dieser Betrachtung deshalb nicht, weil er nur relativ kurz absoluter Herrscher war (1948–1953) und auch da im Grunde nur die Befehle Moskaus ausgeführt hat. Mit ihm würde die gesamte Periode der »autoritären« oder »totalitären Führung« insgesamt sogar über 75 Jahre betragen.

Trotz der gravierenden Unterschiede der historischen Situationen, der Lebenswege und auch der politischen Optionen Horthys, Kádárs und Orbáns gingen alle drei als Namensgeber solcher politischer Epochen in die ungarische Geschichte ein, in denen aus unterschiedlichen Gründen im Gegensatz zu Ländern mit liberaler Demokratie keine normale Ablöse von Regierungen bei freien und fairen Wahlen möglich war. In einer anregenden Analyse hat der ungarische Politologe András Bozóki die Unterschiede und die Ähnlichkeiten zwischen den drei Führungspersönlichkeiten beschrieben (*Europäische Rundschau*, 2018/4). Er weist auf einige grundlegende Ähnlichkeiten hin: Keiner von ihnen sei ein Gefangener von Ideologien gewesen, alle drei Politiker neigten zu pragmatischen Ansätzen und verrieten ihre frühere Überzeugung: Reichsverweser Horthy verriet seinen Glauben an das Königreich, als er 1921 Kaiser Karl aus Ungarn verjagte, als dieser auf den ungarischen Thron zurückkehren wollte. Kádár verriet die ungarische Revolution von 1956, als er sich – Mitglied der Regierung Imre Nagys – auf die Seite der Sowjets stellte, im Schatten der sowjetischen Panzer an der Spitze der neu gegründeten kommunistischen Partei die Aufständischen unbarmherzig verfolgte und Imre Nagy im Juli 1958 auf eigene Initiative, also ohne Weisung aus Moskau, nach einem Geheimprozess hinrichten ließ.

Im Gegensatz zu Horthy, der 25 Jahre, und Kádár, der sogar 33 Jahre an der Macht war, profilierte sich der 1963 geborene Viktor Orbán 1998 als der jüngste frei gewählte Ministerpräsident in der ungarischen Geschichte. Der Soziologe Bozóki betont zu Recht, von den drei Männern habe nur Orbán die Macht für die Bereicherung seiner Familie ausgenützt. Orbáns drei Wenden waren der Bruch 1993/94 mit seinem liberalen Anfang, die Übernahme der Quasi-Alleinherrschaft in seiner 1989 gegründeten Fidesz-Partei – und seit 2010 baut er mit seiner nationalistischen, populistischen Politik laut eigener Aussage eine »illiberale Demokratie«, in Wirklichkeit ein immer stärker personalisiertes, autoritäres System auf.

Der vielleicht wichtigste Unterschied zwischen Orbán und den beiden anderen Führern ist ihr jeweiliger Spielraum. Orbáns innenpolitische Bewegungsfreiheit ist de facto unbegrenzt, und diese interne, bisher unangreifbare Machtposition verleiht ihm trotz der Mitgliedschaft in der NATO und in der Europäischen Union eine Handlungsfreiheit, die kein anderer Regierungs- oder Staatschef in der EU besitzt.

5. Die Beziehungen zur EU

Damit sind wir bei der außenpolitischen Dimension des Orbán-Regimes. Der ungarische Regierungschef hat mit einer außerordentlich raffinierten und zugleich zynischen Taktik die nicht von ihm verursachten Spaltungstendenzen in der EU, die vielfältigen Auswirkungen der Migrationskrise und der Terroranschläge zur Konsolidierung seines Alleingangs ausgenützt. Auf der Grundlage der tief verwurzelten Angst vor und Abneigung gegen Fremde und angesichts einer national homogenen Bevölkerung gelang es ihm, die Unterstützung der Mehrheit für seine Linie in der Migrationspolitik zu gewinnen. Es entstand eine paradoxe Situation: Auf der einen Seite sind die Ungarn, wie übrigens auch die Polen, gegenüber der EU deutlich positiver eingestellt als etwa die Italiener oder die Franzosen. Rund 44 Prozent der Ungarn gaben bei der Eurobarometer-Umfrage im März 2018 an, sie würden der Europäischen Union vertrauen. Auf der andere Seite hat bei einem beträchtlichen Teil der Bevölkerung zumindest bisher dank der regierungsfreundlichen Medienübermacht die Verschwörungstheorie gewirkt, wonach der amerikanische Investmentbanker und Philanthrop George Soros im Geheimen den Plan verfolge, mithilfe seiner Stiftungen durch Förderung der muslimischen Massenmigration die politische Ordnung in Ungarn zu destabilisieren. Die Fidesz-Mannschaft mit ihrem Propagandaapparat, allen voran Viktor Orbán selbst, unterstellt in schöner Regelmäßigkeit allen zivilgesellschaftlichen Organisationen und einzelnen Regierungsgegnern, als »Agenten von Soros« mit einem Komplott den Willen des Volkes zu verfälschen.

In meiner Orbán-Biografie (*Orbáns Ungarn*, 2016) habe ich beschrieben, wie er mit einer Mischung von scheinbarem Zurückweichen nach außen und verbaler Arroganz nach innen seit 2011 den Sanktionsdrohungen der Europäischen Kommission nicht nur standgehalten, sondern diese sogar erfolgreich für Wahlagitation ausgenützt hat. Zur Zeit der Drucklegung dieses Buches ist unklar, ob die Suspendierung der Mitgliedschaft der Fidesz-Partei in der Europäischen Volkspartei letzten Endes zum Ausschluss, zum Rückzug oder zur völligen Kehrtwende in Richtung der Rechten Europas führen wird.

Seine internationale Position wurde jedenfalls durch den Sieg der von Jarosław Kaczyński beherrschten rechtskonservativen populistischen Partei »Recht und Gerechtigkeit« (PiS) in Polen im Herbst 2015 qualitativ verstärkt. Nachdem die Regierungen in Budapest und Warschau einander gegenseitige Unterstützung im Fall von Sanktionen zugesichert haben, brauchen sie keine Angst vor einem Grundrechteverfahren zu haben. Der Eindruck eines von Orbán dominierten Visegrád-Blocks ist trügerisch. Der überragende Sieg der liberalen Kandidatin bei der slowakischen Präsidentschaftswahl und die Stärke der Zivilgesellschaft in Polen lassen die Brüchigkeit der in erster Linie von der fremdenfeindlichen Haltung bestimmten rhetorischen Zusammenarbeit (auch mit der Slowakei und Tschechien) erkennen.

Seit seinem dritten Wahlsieg im April 2018 und angesichts des sich abzeichnenden Rückzugs seiner (heimlichen) Gegnerin, der deutschen Bundeskanzlerin Angela Merkel, gilt der 56 Jahre alte Orbán als der erfahrenste, langjährigste und machtvollste Regierungschef im demokratischen Europa. Als einzige Führungspersönlichkeit in der EU kokettiert er mit Russland und Kasachstan, Aserbaidschan und der Türkei. Zugleich werden in der Innenpolitik die Schrauben fester angezogen. Noch nicht ganz gefügige Institutionen wie die Akademie der Wissenschaften und das Literarische Museum »Petőfi« wurden seit dem letzten Wahlsieg schrittweise unter Staatskontrolle gebracht. Die zwei weithin sichtbaren Symbole des liberalen Geistes – die Zentraleuropäische Universität (CEU) und die Stiftung »Open Society«, beide mit dem Namen von George Soros verbunden – werden unter dem drohenden Druck des Regimes als Heimstätte der »Agenten von Soros« nach Wien bzw. Berlin übersiedeln.

Auf zwei Gebieten gilt Orbáns Ungarn als Listenführer: bei den EU-Förderungen, die 2017 fast fünf Prozent des Bruttoinlandsproduktes ausmachten, und bei der Korruption. Laut dem Korruptionsindex Transparency International ist im europäischen Vergleich nur Bulgarien noch korrupter als Ungarn. Unzweifelhafte Statistiken und Dokumente der EU-Betrugsbehörde Olaf beweisen, dass Familienangehörige und enge persönliche Freunde Orbáns zu jener Clique gehören, die sich ungehindert und zügellos am öffentlichen Geld bereichert. Kein Wunder, dass die Regierung es trotz entsprechender Forderungen bei den Protestdemonstrationen eisern ablehnt, der Europäischen Staatsanwaltschaft beizutreten. Was immer man zu Recht von der historischen Verantwortung Horthys und Kádárs für die Toten durch Krieg und Verfolgung behaupten mag, fest steht, dass weder der Reichsverweser noch der kommunistische Parteichef korrupt gewesen sind.

Der uneingeschränkte Herrscher

Vor diesem Hintergrund müssen wir also die Eingangsfrage noch einmal stellen: Was ist die Erklärung dafür, dass die Orbán-Regierung an der Spitze eines sozial zutiefst ungerechten, neofeudalen Systems, durch Wählerstimmen fest legitimiert, trotz der Empörung breiter Schichten im Grunde ungefährdet agieren, verwalten, Förderungs- und Steuergelder missbrauchen kann? Geht es hier, auch in Anbetracht der langen Amtsdauer von Horthy und Kádár, um den »irrationalen Glauben«, um die »Illusion« der Ungarn, die Nation brauche eine »starke

Hand«, einen mächtigen Führer? Man liest zuweilen verzweifelte Aufsätze von oppositionellen Kritikern über die mutmaßliche traditionelle Vorliebe der Magyaren oder zumindest einer Mehrheit von ihnen für die uneingeschränkte, individuelle Herrschaft mit Amtsautorität.

Was ist eigentlich eine Diktatur? »Herrschaft einer Person, Gruppe, Partei oder Klasse, die die Macht im Staat monopolisiert hat und sie unbeschränkt (oder ohne große Einschränkung) ausübt« (*Pipers Wörterbuch zur Politik*, 1989). Wenn auch die Erscheinungsformen einer Diktatur vielfältig sind, befindet sich Orbáns Ungarn zweifellos auf dem Weg zu einem Zustand, in dem ein Machtwechsel undenkbar wird. Der Jahresbericht für 2018 von Freedom House, der unabhängigen US-Menschenrechtsprüfstelle, stufte Ungarn als nur »zum Teil freien« Staat ein, »der dramatischste Niedergang eines Landes in der Europäischen Union«. Laut dem Bericht über die Pressefreiheit von »Reporter ohne Grenzen« für 2019 stürzte Ungarn um 14 Plätze auf Rang 87 unter 180 Staaten; von den EU-Staaten liegt nur Bulgarien hinter Ungarn. Je länger die Verweildauer des starken Mannes an der Machtspitze ist, umso geringer sind die Chancen für einen neuerlichen Systemwechsel. Trotz der internationalen Kritik stimmten bei der Europawahl im Mai 2019 52 Prozent der Wähler für die Regierungspartei, die ihren Mandatsstand sogar von 12 auf 13 steigern konnte. Wenn man aber an die Wendezeiten der ungarischen Geschichte – 1848, 1867, 1919/20, 1956, 1989 – denkt, dann dürfte Viktor Orbán recht haben. Er selbst sagte einmal: »In der Politik ist alles möglich ...« Seine schwindelerregende Karriere beweist: Auch wer beim ersten Mal demokratisch gewählt wurde, muss nicht Demokrat bleiben. Fest steht allerdings auch: Wenn der starke Mann stürzt, reißt er sein ganzes Regime mit.

Mythos Macht: Die Verführbarkeit der Herrschenden

30 Jahre nach dem Ende des Kalten Krieges und dem Zusammenbruch des Ostblocks erleben wir so dramatische Verschiebungen im globalen Kräftespiel und so große Umbrüche in den wichtigsten Ländern, dass Politologen und Publizisten immer häufiger von einem unwiderruflichen Abschied von der Ära der liberalen Demokratie sprechen und sogar Mutmaßungen über eine Endzeitstimmung anstellen. Die Hoffnungen, dass die westliche Demokratie wachsenden Wohlstand und stabilen Frieden sichern und mit ihrer Anziehungskraft sogar weltweit Triumphe feiern würde, haben sich nicht erfüllt. Der durch die Europäische Union symbolisierte Einigungsprozess, die Überwindung der durch die braunen und roten Diktaturen herbeigeführten Spaltung Europas, erwies sich als eine beispiellose Herausforderung, vor allem für die politische Klasse im Westen und Osten.

Im zerfallenen Jugoslawien prägte die Explosion der zum Teil historisch bedingten, zum Teil durch die kommunistischen Politbürokraten angeheizten Hass-, Neid- und Angstkomplexe die Tragödie der Völker. Die Folgen der Jugoslawienkriege, samt der Grenz- und Minderheitenkonflikte um die Nachfolgestaaten Bosnien, Kosovo und Mazedonien, vergiften bis heute die Atmosphäre und bedrohen den Frieden in der ganzen Balkan-Region.

Der Krieg gegen den Terror und die Migrationskrise haben mit aller wünschenswerten Deutlichkeit die Zerbrechlichkeit des liberalen Modells, die Ermüdung und Ineffizienz der westlichen Eliten entlarvt. Die nach der Wende erhoffte Verwestlichung des Ostens fand nur in den Auslagen, aber nicht in den Köpfen statt. Die mühsamen Kompromisse und die zahlreichen Misserfolge haben den nationalistischen Rechts- und Linkspopulisten gewaltigen Auftrieb verliehen. Der Austritt Großbritanniens aus der EU warf die Frage auf, ob und wie lange die formell vereinigten anderen 27 Staaten angesichts ihrer tief greifenden politischen, sozialen und wirtschaftlichen Gegensätze auf Dauer die zunehmende Verschärfung der Widersprüche innerhalb der Union aushalten können. Die in Italien an die Macht gelangten und mit unterschiedlichen Etiketten operierenden Populisten stellen die potenziell folgenschwerste Bedrohung der Zusammenarbeit der Gründungsmitglieder der EU dar. Die nationalistischen und populistischen Bewegungen untergraben die gemäßigten Mitte-rechts- und Mitte-links-Parteien in einer Reihe von anderen EU-Staaten, von Spanien bis zu Schweden und Finnland.

Die gefährliche Sehnsucht nach dem starken Mann

Nur vor diesem düsteren Hintergrund kann man wohl die ganze zerstörerische Wirkung der Präsidentschaft Donald Trumps in der Weltpolitik einschätzen. In zwei Jahren hat diese irrlichternde »Kunstfigur in Putins Spiel gegen den Westen« (Peter Sloterdijk), dieser »Gefechtskopf im russischen Cyber-War gegen die westliche Demokratie« (Timothy Snyder) mit seinen einseitigen, sprunghaften und unüberlegten Maßnahmen dem westlichen Bündnissystem und dem internationalen Freihandel, der Glaubwürdigkeit und dem Ansehen der Vereinigten Staaten enorm geschadet. Mit seinem Repertoire an Lügen, Täuschungen, Manipulationen und Fälschungen hat Trump nicht nur die amerikanische Gesellschaft gespalten, sondern auch der westlichen Verteidigung gegen den imperialen Drang und die strategische Expansion Russlands und Chinas verheerenden Schaden zugefügt. All das, was sich seit seiner Wahl in der amerikanischen Außen- und Innenpolitik abgespielt hat, bestätigt die Warnung, die der frühere deutsche Bundeskanzler Helmut Schmidt ausgesprochen hat: »Charisma ist eine Gabe, aber die hatte auch Hitler. Ohne Moral und ohne Vernunft kann charismatische Ausstrahlung eine Gefahr sein.«

Die auch in den demokratischen Staaten von vielen Menschen bewunderten starken Männer Wladimir Putin und Xi Jinping stehen mit Trump im Mittelpunkt der Weltpolitik. Diese Schlüsselfiguren und ihre lautstarken Kopien wie Recep Tayyip Erdoğan und Viktor Orbán verachten die liberale Demokratie und streben mit diversen Mitteln die absolute Kontrolle über Politik und Wirtschaft, über Justiz und Medien an.

Die Attraktivität autoritären Denkens wächst nach den USA auch in Europa, vor allem in den ehemals kommunistischen Staaten. China hat zumindest bisher gezeigt, dass wirtschaftlicher Aufstieg und steigender Wohlstand auch in einem autoritären System möglich sind. Meinungsumfragen etwa in Deutschland und Österreich, unternommen während einer längeren Periode und nicht in Form von Momentaufnahmen, bestätigen einen beunruhigenden Befund: Die Zahl jener, die einen nicht auf die Zustimmung des Parlamentes und der Bevölkerungsmehrheit angewiesenen starken Führer wünschen, ist in den letzten Jahren deutlich gestiegen.

Trotz der gefährlichen Folgen des »Führerprinzips« stimulierte selbst in Deutschland der schlechte Eindruck, den die

Menschen von der Politik haben, die Sehnsucht nach starken, durchsetzungsfähigen Figuren, da 60 Prozent der Deutschen meinen, es werde in Deutschland zu sehr auf Kompromisse gesetzt, notwendig seien jedoch starke politische Führungsfiguren, die eine klare Richtung vorgeben und sich durchsetzen. Nur jeder Sechste glaubt, dass die Grenzen gegen unkontrollierte Zuwanderung gesichert werden (FAZ, 18. Juli 2018). Nicht nur in der Bundesrepublik lösten vor allem seit 2015 die emotional aufgeladenen Flüchtlings- und Migrationsdebatten Verunsicherung in der Bevölkerung aus und führten zu gesunkenem Vertrauen in die Politik. Diese Stimmung hat sowohl in Österreich wie auch in den postkommunistischen Ländern Osteuropas die Sehnsucht nach dem starken Mann zweifellos verstärkt. Eine umfassende Untersuchung der Österreichischen Gesellschaft für Europapolitik, gemeinsam mit der Central European University, ergab im Frühjahr 2018 beunruhigende autoritäre Tendenzen: Für 71 Prozent der Tschechen, 88 Prozent der Ungarn, 67 Prozent der Slowaken und 85 Prozent der Slowenen ist »ein starker Mann in der Politik« eher oder sehr wichtig. In Österreich war dieser Wunsch für 32 Prozent der Befragten auch »sehr« und für weitere 26 Prozent »eher« wichtig (*Die Presse*, 25. Mai 2018).

In diesem Zusammenhang muss man auch kurz den überraschenden Wahlsieg Donald Trumps bei den Präsidentenwahlen 2016 erwähnen. Er verdankte seinen Erfolg nicht zuletzt der Tatsache, dass ihn viele Wähler als »starken Führer« wahrnahmen. Die Sehnsucht der befragten Amerikaner nach einem starken Führer im Weißen Haus stieg von 18 Prozent bei der Präsidentenwahl 2012 auf 36 Prozent vier Jahre später. Dass allerdings sogenannte »starke Führer« nicht automatisch als effektiv, sondern als unpopulär und sogar gefährlich bezeichnet werden, zeigen Trumps historisch schlechte Umfragewerte sowohl international als auch in den Vereinigten Staaten in seinen ersten zwei Amtsjahren.

Die Zahl demokratisch legitimierter Politiker, die durch populistische Schlagworte während ihrer Wahlkämpfe an die Macht gekommen sind, die dem Kompromiss eine Absage erteilen, auf das unartikulierte Bedürfnis nach starker Führung bauen und daher verfassungsmäßige Institutionen schwächen, nimmt nicht nur in Europa zu. Es genügt, an die Missachtung und Verletzung der Rechte von Minderheiten in Indien unter der hindu-nationalistischen Regierung von Narendra Modi zu denken und erst recht an die blutige Verfolgung der muslimischen Rohingya in Myanmar durch die De-facto-Regierungschefin, Friedens-Nobelpreisträgerin Aung San Suu Kyi, die dadurch ihre moralische Autorität eingebüßt hat. Wir beschäftigen uns hier nicht mit den Diktaturen in Nordkorea, China und den einstigen postsowjetischen Asienrepubliken wie Kasachstan und Tadschikistan. Die Herrschaft von Diktatoren, unabhängig von der jeweiligen Intensität der Unterdrückung oder Geschicklichkeit der Tarnung, gehört nicht zur Thematik unserer Überlegungen.

Wahres und falsches Charisma

Da ich als junger Mensch in Diktatur und Krieg die Folgen der politischen Verführbarkeit am eigenen Leib und bei vielen Freunden erlebte, hat diese Erfahrung mein Politikverständnis mein ganzes Leben lang bestimmt. Dazu gehört das tiefe Misstrauen gegen demagogische Rhetorik, von welcher Seite immer. Deshalb bin ich auch in meinen Büchern und anderen publizistischen Werken stets skeptisch, ja ablehnend gegenüber Bewegungen, die mit vereinfachenden oder reißerischen Parolen agieren. Das Gleiche gilt stets in meinen Analysen der

Zeitgeschichte hinsichtlich der Sehnsucht nach dem »starken Mann« und der Rolle der Persönlichkeit in der Politik. Ohne den schwer fassbaren, oft unberechenbaren menschlichen Faktor bleiben alle historischen Betrachtungen unvollständig. Nach den beklemmenden historischen Erfahrungen mit der Verwandlung von charismatischen Leitfiguren zu Alleinherrschern ist die Warnung des Schöpfers der österreichischen Verfassung Hans Kelsen weiterhin höchst aktuell: »Für eine Führernatur ist in der Idealdemokratie kein Platz.« Programme und Institutionen können allerdings Tatkraft, Mut und Verantwortungsbewusstsein von Führungspersönlichkeiten nicht ersetzen. Er sei froh, schrieb der deutsche Philosoph Jürgen Habermas im Sommer 2013 in einem Essay, seit 1945 in einem Land zu leben, das keine Helden nötig habe. Er stellte aber auch fest, dass es »außerordentliche Situationen gibt, in denen die Wahrnehmungsfähigkeit und die Fantasie, der Mut und die Verantwortungsbereitschaft der handelnden Personen für den Fortgang der Dinge einen Unterschied machen«.

Diese Gratwanderung bei der Beurteilung der »momentanen« und »relativen« Größe (Jacob Burckhardt) der im Vordergrund agierenden Persönlichkeiten in Krisensituationen oder nach einem Machtwechsel, bei der Unterscheidung zwischen »echtem« und »falschem« Charisma, gehört zu den Kernfragen der Zeitgeschichte. Das griechische Wort »Charisma« bedeutet ursprünglich »Gnadengabe«. Beschreibt das Charisma-Konzept die Begabung einer Führerpersönlichkeit oder ist es ein Phänomen, das durch die Geführten bewirkt wird? Über die Geltung des Charismas, schreibt Max Weber, der deutsche Soziologe und »Erfinder« des Begriffs, entscheidet die durch Bewährung gesicherte Anerkennung durch die Beherrschten. Charisma muss sich also durch Erfolge bewähren. Beispiele für die Gefahr des Umschlagens einer »plebiszitären Führerdemokratie« in einen autoritären Führerstaat, in eine charismatische Diktatur, gibt es viele. Das Fernsehen, das Internet, die sozialen Medien erhöhen sprunghaft die Gefährlichkeit des falschen Charismas, die Gefährlichkeit des Appells an die emotionalen Triebe der Massen und der Heilserwartungen, die sich auf politische und religiöse Demagogen richten.

In seiner umfangreichen und profunden Studie *Der Mythos vom starken Führer* (seit 2018 auch auf Deutsch) kommt der renommierte britische Historiker Archie Brown zum Schluss: »Politische Führer, die glauben, sie hätten einen persönlichen Anspruch darauf, die Entscheidungsfindung in zahlreichen Politikbereichen zu dominieren, und versuchen, ein solches Vorrecht wahrzunehmen, schaden sowohl der guten Regierungspraxis als auch der Demokratie.« Brown erläutert am Beispiel des Labour-Regierungschefs Tony Blair und dessen Beharren auf den Irakkrieg seine Grundthese, wonach ausgeprägte persönliche Dominanz zwar oft gewünscht werde, in der Politik aber meist ein Fehler sei, weil sie komplexen Sachverhalten mit einfachen Lösungsversuchen begegne. Das Kabinett wurde mit der Frage von Krieg und Frieden erst befasst, als das Land schon in der Falle war. Einem Beamten, der zur Vorsicht riet, hielt Blair entgegen: »Sie sind Neville Chamberlain, ich bin Winston Churchill, und Saddam ist Hitler.«

Auch die konservative Premierministerin Margaret Thatcher, die »Eiserne Lady«, scheiterte (allerdings erst nach elf Jahren an der Regierungsspitze) am Versuch, ihr Kabinett zu unterjochen. Der langjährige Außenminister Geoffrey Howe beschrieb, wie Thatcher sich »so gründlich daran gewöhnte, ihren Willen durchzusetzen, dass sie unangemessen selbstsicher wurde. Sie zog ihre Kollegen immer seltener zurate und stützte sich nur noch auf einen kleinen Kreis von Vertrauten.« Ein anderer Minister, Kenneth Clarke, erinnerte sich, wie die Premierministerin in einer Kabinettssitzung sagte: »Warum muss ich in dieser Regierung alles machen?« Clarke meinte, er sei wohl nicht der Einzige am Tisch gewesen, der gedacht habe: »Margaret, das Problem ist, dass Sie glauben, Sie müssten alles selbst tun. Aber das sollten Sie nicht. Und Sie können es nicht.«

Das Geheimnis guten Führens

In seiner Geschichte politischer Führung im 20. und 21. Jahrhundert erteilt Archie Brown der Verherrlichung des Führertums eine Absage und plädiert mit zahlreichen Beispielen aus der amerikanischen, britischen und sowjetischen Geschichte für die »kollektive und kollegiale« Führung in modernen Demokratien. Vor dem Hintergrund Stalins, Hitlers, Mussolinis, Mao Tse-tungs und heute Putins, Xi Jinpings und erst recht Kim Jong-uns erweist sich besonders deutlich, dass nach innen wie nach außen »die uneingeschränkte individuelle Herrschaft fraglos gefährlicher als die kollektive« ist.

Besonders interessant ist Browns Begeisterung für den Labour-Premierminister Clement Attlee, dessen Regierung (1945–1951) den Wohlfahrtsstaat aufbaute. Attlee habe das Geheimnis effektiver und guter Führung bereits 1948 erkannt, als er erklärte, »dass die Grundlage demokratischer Freiheit in der Bereitschaft liegt anzunehmen, dass andere Menschen klüger sein können als man selbst«. Er zollt auch John F. Kennedys Nachfolger Lyndon B. Johnson (1963–1969) uneingeschränkte Anerkennung für seine Sozial- und Bürgerrechtspolitik. Wie auch bei Franklin D. Roosevelt habe Johnsons dominierende Rolle weniger mit seinen tatsächlichen Machtbefugnissen als mit seinem informellen Einfluss und seiner persönlichen Autorität zu tun gehabt: Johnson habe bewiesen, dass das größte Machtmittel des amerikanischen Präsidenten die Überzeugungskraft ist.

Zu Recht stellt Archie Brown am Ende seiner Überlegungen fest, selbst der anmaßendste und selbstherrlichste politische Führer in einer Demokratie habe keine annähernd vergleichbaren Möglichkeiten zur Machtausübung wie ein Herrscher in einem autoritären oder totalitären Regime. Das zeige das politische Schicksal selbst von Winston Churchill, der trotz seiner epochalen Leistung im Zweiten Weltkrieg 1945 von dem farblosen Clement Attlee besiegt wurde, und auch das Beispiel von Margaret Thatcher und Tony Blair, die jeweils drei Unterhauswahlen gewannen und trotzdem zum Rücktritt gezwungen waren. Es gab – aus gesundheitlichen Gründen – auch Ausnahmen, wie zum Beispiel im Falle des erfolgreichsten (viermal gewählten) amerikanischen Präsidenten Franklin D. Roosevelt, der 1945 im Amt starb, oder des französischen Staatspräsidenten François Mitterrand, der sich 1995 nach zwei Amtszeiten wegen einer Krebserkrankung nicht zur Wiederwahl stellte und einige Monate später starb.

Aufstieg, Höhenflug und Sturz sind die Stationen eines erfolgreichen politischen Lebens in einer parlamentarischen Demokratie. Auch hier gibt es Ausnahmen. So trat zum Beispiel der österreichische Bundeskanzler und Vorsitzende der Sozialdemokratischen Partei (SPÖ) Franz Vranitzky nach zehn Jahren und sieben Monaten im Amt ohne ersichtlichen Grund und nicht einmal 60-jährig im Januar 1997 zurück. In einem Gespräch mehr als 20 Jahre später hat er mir überzeugend dargelegt, dass er das Gefühl hatte, man brauche neue Gesichter in der Politik. Die zwei herausragenden Momente während seiner Kanzlerschaft waren Österreichs Beitritt zur Europäischen Union infolge einer Zweidrittelmehrheit bei der Volksabstimmung und sein öffentliches Bekenntnis zur österreichischen Mitverantwortung für die Judenverfolgung und die Schoah. Da er nicht wegen einer Wahlniederlage oder infolge der Herausforderung durch einen parteiinternen Rivalen von der Politik Abschied nahm, bleibt Vranitzky ein Ausnahmefall in der Geschichte der Zweiten Republik.

Es gilt aber im Allgemeinen, und nicht nur in Deutschland, das, was Norbert Blüm, der langjährige Sozialminister (1982–1998) in den Regierungen von Helmut Kohl, anlässlich des Kampfes um die Nachfolge der Bundeskanzlerin Angela Merkel an der CDU-Parteispitze so formuliert hat: Er kenne »keinen schmerzlosen Abschied, keinen Machtwechsel ohne Verwundung […] es war immer ein Stück Verrat im Spiel« (*Die Zeit*, 6. Dezember 2018). Dieser Befund ist nicht überraschend, wenn man die Feststellung des berühmten amerikanischen Politikwissenschaftlers und bahnbrechenden Theoretikers der internationalen Beziehungen, Hans J. Morgenthau (1904–1980), in Erinnerung ruft: »Internationale Politik ist, wie jede Politik, ein Kampf um die Macht« (*Politics Among Nations*, 1948, S. 13). Der klassische Begriff von der Macht stammt vom deutschen Soziologen Max Weber (1864–1920). Macht bedeutet »jede Chance, innerhalb einer sozialen Beziehung den eigenen Willen auch gegen Widerstreben durchzusetzen, gleichviel, worauf diese Chance beruht« (*Wirtschaft und Gesellschaft*. 5. Aufl., 2009, S. 28). Die Ergreifung von Macht, die Verteilung von Macht und die Bändigung von Macht gelten seit eh und je als *die* zentralen Elemente der politischen und sozialen Auseinandersetzungen, auch in Österreich.

Kreisky, der »Sonnenkönig«

Den Weg vom Triumph zum Fall kann man auch in der Lebensbilanz Bruno Kreiskys nachverfolgen, der 1970 »wie ein Elementarereignis in die erstarrte politische Landschaft Österreichs einbrach« (Norbert Leser: *Salz der Gesellschaft*, 1988).

Bruno Kreisky war vor allem der Sieger. Er führte die österreichische Sozialdemokratie zu einer in der modernen europäischen Geschichte einzigartigen Serie von fünf Wahlsiegen und zur dreimaligen Erringung der absoluten Mehrheit. Der Sozialphilosoph Norbert Leser (1933–2014), der auch ein sehr kritischer Beobachter der Ära Kreisky war, sah ihn, trotz aller persönlichen Enttäuschungen, als »eine epochemachende Erscheinung« der österreichischen Geschichte und des internationalen Sozialismus: »Es ist meine feste Überzeugung, dass ohne die besondere Ausstrahlung Kreiskys, ohne seinen Einsatz und seine proteusartige Vielgestaltigkeit die historische Chance, die die Sozialistische Partei in den Siebzigerjahren hatte, zur führenden politischen Kraft zu werden, überhaupt nicht, aber jedenfalls nicht in dieser Intensität und Dauer zum Tragen gekommen wäre.« Kreisky verlieh der Republik Österreich als Außenminister und Bundeskanzler während zwei Jahrzehnten einen internationalen Glanz, den sie niemals zuvor gehabt hatte und höchstwahrscheinlich in der Zukunft kaum mehr gewinnen wird.

Fast 30 Jahre nach seinem Tod und 36 Jahre nach seinem Rücktritt als (bis heute am längsten dienender) Bundeskanzler ist die Faszination dieses Mannes ungebrochen. Das beweist die Flut von Büchern, TV-Dokumentationen und Erinnerungen. Auch alle Meinungsumfragen bestätigen die Feststellung des Publizisten Armin Thurnher: »Kreisky ist im Urteil von Kritikern und Wegbegleitern der bedeutendste Politiker, den das Österreich beider Republiken hervorgebracht hat« (*Das Trauma, ein Leben,* 2000). Der vielleicht beste unabhängige Journalist der Zweiten Republik, mein (viel zu früh verstorbener) Freund Kurt Vorhofer, beschrieb ihn so: »wie eine Laune der Natur […] etwas Unfassbares an Talentausstattung – von seiner Talentausstattung könnte ein halbes Dutzend tüchtiger Politiker bequemst leben« (*Die Ära Kreisky,* 1997).

30 Jahre lang habe ich ihn in allen Phasen, von den im Rückblick fast unglaublichen Wahltriumphen bis zum verbitterten Rückzug, kränkelnd und von seinen engsten Parteifreunden im Stich gelassen, eng mit ihm verbunden, oft in Eintracht, zuweilen auch im Streit, erlebt. Diese ungewöhnliche Beziehung zwischen einem Journalisten ungarischer Herkunft, der als Flüchtling erst Anfang 1957 in Österreich eine neue Heimat gefunden hat, und einem österreichischen Staatsmann während und nach seiner Amtszeit bildete den Hintergrund zur ersten Kreisky-Biografie, die der damalige (Anfang 2019 verstorbene) Chefredakteur der *Salzburger Nachrichten* Karl-Heinz Ritschel und ich 1972 verfassten.

Max Weber schrieb in seiner berühmten Schrift *Der Beruf zur Politik*, dass für den Politiker eine der entscheidenden Qualitäten die Leidenschaft sei, die leidenschaftliche Hingabe an eine »Sache«. Natürlich erstrebte auch der Politiker Kreisky Macht und wollte sogar noch 72-jährig, auf einem Auge blind und dreimal in der Woche wegen seiner schweren Nierenkrankheit jeweils einer vierstündigen Blutwäsche unterworfen, an der Macht bleiben. Dass ich die spannenden und vielfältigen Machtkämpfe am Hof des »Sonnenkönigs« und »Journalistenkanzlers« (beide Begriffe hat Kurt Vorhofer erfunden) aus der Nähe beobachten und in meinen Büchern und Aufsätzen beschreiben konnte, hing auch mit dem im Lauf von vielen Jahren während und nach seiner Amtszeit entstandenen, auch von seiner Seite von Vertrauen getragenen, freundschaftlichen Verhältnis zusammen. Wie sonst wäre es möglich gewesen, dass ich immer wieder stundenlang unter vier Augen mit ihm auch im Garten seiner Mietvilla in der Wiener Armbrustergasse und sogar mehrmals während seiner Dialysebehandlungen über sach- und personalpolitische Themen sprechen durfte.

Ein besonderer Vertrauensbeweis war, dass er – bereits nicht mehr Außenminister und noch nicht Bundeskanzler –

mich einmal gebeten hat, an seiner Stelle Österreich bei dem sagenumwobenen jährlichen »Bilderberg«-Treffen im April 1968 in Mont-Tremblant in Kanada zu vertreten. Damals kamen rund 80 Spitzenpolitiker, Großindustrielle, Bankiers, Publizisten und Wissenschaftler aus 16 westlichen Ländern zu mehrtägigen Diskussionen über internationale Fragen zusammen. Da sich die »Bilderberger« bis heute, natürlich in wechselnder Zusammensetzung, aber stets von der Öffentlichkeit und den Medien abgeschirmt, jährlich in verschiedenen Staaten treffen, wurde diese informelle Einrichtung nach dem holländischen Hotel benannt, in dem die erste Zusammenkunft 1954 stattfand. Die »Bilderberger« entwickelten sich zu einer Art Mythos für Rechtsextremisten und Nationalpopulisten, die überall Verschwörungen, unter welchen Vorzeichen immer, wittern. Kreisky ging damals ein hohes Risiko ein, einen Mann zu nominieren, der weder der SPÖ noch einer ihrer Vorfeldorganisationen angehörte. Darüber hinaus konnte er auch nicht wissen, was ich zu den verschiedenen Themen als völlig freier und niemandem Rechenschaft schuldiger Mensch, noch dazu als der einzige Vertreter aus Österreich, sagen würde.

Ich hatte Kreisky, als er Außenminister war, sehr bald nach meiner Bestellung zum *Financial Times*-Korrespondenten besucht und bereits am 21. Juni 1960 das erste längere Interview mit ihm gemacht. In meinen 44 Bänden mit Zeitungsausschnitten gibt es Dutzende Interviews mit und größere Artikel über Kreisky und die von ihm geprägte Ära. Sein überragender Intellekt, sein politischer Einfallsreichtum, seine taktische Begabung und seine Sensibilität, mit deren Hilfe er frühzeitig die Strömungen der Zeit erkannte, gekoppelt mit seinen Fremdsprachenkenntnissen, führten dazu, dass er anfänglich außerhalb Österreichs mehr geschätzt wurde als im eigenen Land und vor allem in der eigenen Partei, in der damals – wie zum Teil noch heute – kleinkarierte und engstirnige Funktionäre den Ton angaben.

Kreisky war selbst am Höhepunkt seiner Popularität nie ein »starker Führer« im Sinne des Führerprinzips, das heißt einer heroischen Figur, die nicht auf die Zustimmung des Parlamentes, seiner Partei und der Bevölkerungsmehrheit angewiesen ist. Er hat nie seine Stärke zur Schau getragen und demonstrative Machtfülle kultiviert oder versucht, seine Minister und den Regierungsapparat durch die Seilschaft mit seinen persönlichen Mitarbeitern zu umgehen. Kreiskys Hausmacht war das gesprochene und geschriebene Wort, seine unnachahmliche Kunst, weltbekannte Verleger und Publizisten, aber auch den jungen Reporter eines Boulevardblattes oder des Fernsehens in seinen Bann zu ziehen. Er war nicht nur der Architekt, sondern auch im übertragenen Sinn der Verkäufer seiner politischen Ideen, ein unerreichbarer Meister in der Kunst, die öffentliche Meinung zu beeinflussen und zu bilden. Die Kreisky'sche Medienpolitik war ein Maßanzug, der nur ihm passte und niemandem sonst.

Unglückliches Ende einer glücklichen Zeit

Die Kreisky-Ära wurde aber ab Ende der 1970er-Jahre durch einen zunehmend gehässig und von beiden Seiten rücksichtslos ausgetragenen, aus den Fugen geratenen Konflikt zwischen dem schwer kranken, aber weiterhin höchst agilen Partei- und Regierungschef und seinem um 27 Jahre jüngeren, sehr populären und höchst ehrgeizigen Stellvertreter in der Regierung und in der Parteiführung, Hannes Androsch, überschattet. Ich habe die Hauptakteure und die Strippenzieher dieses politischen und menschlichen Dramas persönlich gut gekannt und den Konflikt und dessen Folgen für die SPÖ und für das Land in Büchern und Aufsätzen kommentiert. Obwohl um Objektivität bemüht, wollte und konnte ich meine Sympathie für Kreisky nicht verbergen. Im Rückblick muss ich allerdings dem von Norbert Leser im bereits zitierten Buch geäußerten Verdacht zustimmen: dass beim Kampf des Kanzlers gegen seinen jungen Stellvertreter »Gefühle des Neides, der Missgunst und der Eifersucht, ja der Angst, vorzeitig entmachtet zu werden, eine große Rolle spielten«.

Bei den Konflikten mit Androsch und mit Simon Wiesenthal erlebte ich mehrmals ausufernde Hassausbrüche des Kanzlers. Bei einer Jause bei ihm im Sommer 1980 zum Beispiel sprach er aufgeregt über »eine Verschwörung der halben Regierung« mit dem Ziel, ihn zu stürzen. Vor allem wetterte er gegen die »Androsch-Broda-Benya-Achse«. Christian Broda, der langjährige Justizminister, hat in der Tat eine Schlüsselrolle bei der Organisation des Pro-Androsch-Lagers in der Regierung und im Parteivorstand gespielt. Im Gegensatz zu Kreisky war er Kommunist gewesen und brach erst 1947 mit der KPÖ. Da er seine Karriere zum Teil Kreiskys Unterstützung verdankte, war dieser über Brodas Benehmen besonders empört und verwies zur Verdammung von Brodas Intrigen unter anderem auf dessen kommunistische Vergangenheit. Die Hauptfigur bei der »Rettung« Androschs war aber der damals zweitmächtigste Politiker, Anton Benya: 23 Jahre lang Präsident des Gewerkschaftsbundes und zugleich 15 Jahre Präsident des Nationalrats. Kreisky traf ihn fast jede Woche zur Abstimmung seiner politischen Initiativen. Benya war stets voll des Lobes für die Leistungen des jungen Vizekanzlers und hat ihn in jedem Privatgespräch, auch mit mir, gegen die Vorwürfe der Bereicherung am Rande der Legalität verteidigt. In der letzten akuten Phase des Machtkampfs stellte Benya dem Regierungschef praktisch ein Ultimatum. Kreisky musste widerwillig dem Wechsel von Androsch aus der Regierung auf den (übrigens viel lukrativeren) Posten des Generaldirektors der Creditanstalt (CA) zustimmen. In einem Gespräch mit mir beschwerte sich der erbitterte Kreisky über diesen »exorbitanten und moralisch nicht vertretbaren Preis« für den Abgang des jungen Rivalen. Mir sagte er sogar auch, Antisemitismus spiele bei Benyas Haltung ihm gegenüber sicherlich auch eine Rolle ...

Die Haltung nach dem Sturz ist auch ein Gradmesser für das Urteilsvermögen eines Politikers und auch seiner Empathie für seine Gesinnungsgemeinschaft. Kreisky hat leider, wohl in erster Linie infolge seiner schweren Nierenkrankheit, in dieser Hinsicht versagt. Eine bestechende Karikatur von Ironimus (Gustav Peichl) zeigt Kreisky, wie er nach seinem Rücktritt 1983 mit voller Kraft sein eigenes Denkmal zerstört. Wann immer ein Journalist bei ihm in seinem Haus auf Mallorca erschien, konnte er der Versuchung nicht widerstehen, nicht nur den verhassten Androsch zu beschimpfen, sondern auch seinem Nachfolger und der SPÖ-Parteiführung die Leviten zu lesen. Nach sachlichen Argumenten zum Komplex Macht und Moral und dazu, wie unverzichtbar die Unbestechlichkeit sozialistischer Führungspersönlichkeiten sei, verlor er zu oft die Selbstbeherrschung, und durch maßlos übertriebene Formulierungen und zeitweilig fast paranoide Attacken von Verfolgungswahn verspielte er dann selbst sein sachliches und ethisches Anliegen.

Trotz allem war die Ära Kreisky eine außerordentliche Zeit. Er hat der Zweiten Republik und seiner Partei wie kein anderer Politiker seinen Stempel aufgedrückt. Was bleibt? Noch vor dem Verlust der absoluten Mehrheit und seinem Rücktritt als Bundeskanzler antwortete er Kurt Vorhofer auf dessen Frage, ob er sich einmal ein Denkmal an der Wiener Ringstraße wünschen würde: »Meine Eitelkeit erschöpft sich nicht in solchen Dingen. Ich will keinen Platz haben, ich will kein Haus haben, ich will gar nix haben. Das eigentlich Allerliebste wäre mir, wenn die Leut' sich einmal erinnerten: Na ja, damals, das war eine gute Zeit, in der haben wir uns aus dem Sumpf des Alltäglichen herausgearbeitet und haben dem Land ein bissl Profil gegeben.« (*Kleine Zeitung*, 24. Juli 1982) So geschah es auch – die Kreisky-Ära gilt noch immer als die »goldene Zeit« ...

Die ungewöhnliche Karriere des Hannes Androsch

Und Hannes Androsch? Rechtskräftig verurteilt wegen Steuerhinterziehung und falscher Zeugenaussage, musste er 1988 nach sieben Jahren höchst erfolgreicher Tätigkeit als Chef der größten Bank Österreichs demissionieren. Im Alter von 50 Jahren begann er eine fulminante zweite Karriere, im Einklang mit dem Titel seiner Memoiren – *Niemals aufgeben* (2015). Als Finanzinvestor und Industrieller hat Androsch sehr gewinnträchtige und erfolgreiche Projekte in der Elektronikindustrie (8000 Beschäftigte in China!), im Salzbergbau (Altaussee) und im Fremdenverkehr (Gesundheitshotels in Maria Wörth und Altaussee) ausgeführt. Außerdem ist er Vorsitzender des Aufsichtsrats des international tätigen Leitungsbauunternehmens Europten. Durch diese Investitionen und andere Finanztransaktionen ist er zweifellos sehr vermögend geworden. Doch diese finanziellen Erfolge haben ihn nicht zufriedengestellt. Statt der Politik wurde die Förderung von Wissenschaft und Forschung sein Lebensziel. Als Vorsitzender des Universitätsrats der Montanuniversität Leoben (2003–2013), als Vorsitzender des Rates für Forschung und Technologieentwicklung und des Aufsichtsrats des Austrian Research Centers und als Gründer der bedeutendsten von privater Hand getragenen gemeinnützigen Stiftung für wissenschaftliche Arbeiten hat

Androsch Weichen für die Zukunft gestellt. Darüber hinaus trat er als Motor eines Bildungsvolksbegehrens und als Organisator einer eindrucksvollen Gedenkausstellung im Belvedere zum 50. Jahrestag des Staatsvertrags hervor.

Androschs Wort hat Gewicht, und er nimmt auch häufig mit zuweilen äußerst kritischen Kommentaren zu den jeweiligen Regierungen Stellung. In seinen Memoiren wird auf fast einhundert Seiten seine Steuerangelegenheit thematisiert, werden seine Handlungen verteidigt und seine Verfolger und Kritiker zum Teil als Handlanger einer Hetzjagd beschuldigt. Wie dem auch sei, niemand kann abstreiten, dass Hannes Androsch sowohl als Finanzminister wie auch als privater Investor großartige Leistungen vollbracht hat. Ob er auch ein guter Bundeskanzler geworden wäre, kann man natürlich rückwirkend nicht sagen. Dass er aber nach Kreisky das größte politische Talent in der Nachkriegsgeschichte der Sozialdemokratie gewesen ist, kann niemand ernsthaft bestreiten. Selbst frühere erbitterte Gegner und Kritiker der Finanzpolitik der Kreisky-Ära anerkennen die beispiellose Erfolgsgeschichte seiner »zweiten« Karriere.

Der Fall Androsch ist in einem tieferen Sinn paradigmatisch für das verblüffende Schicksal eines sogenannten Alphatiers, das nach seinem Sturz den Boden unter den Füßen nicht nur nicht verloren, sondern mutig und fantasievoll ein angesehenes Persönlichkeitsprofil im öffentlichen Leben aufgebaut hat.

Das Beispiel des sozialdemokratischen Bundeskanzlers Alfred Gusenbauer (2007–2008) illustriert in einer anderen Art das Risiko des Berufspolitikers. Im Spiegel der liberalen und linken Medien galt er anfänglich, nach seinem völlig überraschenden Wahlsieg gegen Wolfgang Schüssel, den Wendekanzler und erfolgreichsten ÖVP-Chef seit Julius Raab, als der Hoffnungsträger der Sozialdemokratie. Nach dem Verlust der Koalitionsverhandlungen infolge Schüssels geschickter Verhandlungstaktik hat sich dieser hochbegabte, gebildete und sprachkundige Politiker mangels sozialer Intelligenz als Bundeskanzler von der Parteibasis entfremdet. Derselbe starke Mann der SPÖ, der Wiener Bürgermeister und Parteiobmann Michael Häupl, der Gusenbauer im Jahr 2000 als Chef der Bundespartei »erfunden« und inthronisiert hatte, sorgte acht Jahre später für seine Ablöse durch Werner Faymann. Das hat mir Gusenbauer seinerzeit selbst erzählt. Ob die Gerüchte stimmen, wonach Häupl zu jenem berühmten Pfeifkonzert auf der Ringstraße beim Aufmarsch am 1. Mai 2016 ermuntert hat, das eine Woche später zum Rücktritt Faymanns als Bundeskanzler und SPÖ-Vorsitzender führte, muss dahingestellt bleiben.

Häupl ist übrigens ein markantes Beispiel für die Warnung des Historikers Archie Brown, dass ein starker Führer nicht automatisch ein weiser Führer sei. In der Partei wird ihm hinter vorgehaltener Hand vorgeworfen, dass er die wichtigsten Personalentscheidungen entweder zu spät oder falsch getroffen habe. In seinem bereits zitierten Buch bezeichnete Archie Brown die Vorstellung, ein Mensch verdiene umso größere Anerkennung, je mehr Macht er ausübt, als eine Illusion. Nach fast einem Vierteljahrhundert als Bürgermeister und Wiener Parteichef hat Häupl beträchtliche Macht in seinen Händen gebündelt und wichtige Entscheidungen persönlich getroffen. Der immer wieder hinausgeschobene, langsame Abschied Häupls von der Macht hinterließ jedenfalls in der Öffentlichkeit einen peinlichen Eindruck und hat sowohl seinem Nachfolger Michael Ludwig wie auch der SPÖ massiv geschadet.

Was nun Gusenbauer betrifft, ist es ihm gelungen, nach dem Scheitern in der Politik als Geschäftsmann eine glänzende Erfolgsbilanz aufzuweisen. Die von ihm 2008 gegründete »Gusenbauer Projektentwicklung & Beteiligung GmbH« wies in ihrem Geschäftsbericht bis Ende 2017 einen kumulierten Bilanzgewinn von 9,758 Millionen Euro aus. Seine Aktivitäten in Verbindung mit den weitverzweigten, mächtigsten Unternehmergruppen Österreichs sind auch durch seine internationalen Kontakte und außergewöhnlichen Sprachkenntnisse geprägt. Dass er als Berater, Investor und Lobbyist viel Geld verdient, mag Neid erregen, hat aber keine öffentliche Kritik ausgelöst. Was aber einen Schatten auf die Businesskarriere des glücklosen Politikers geworfen hat, war seine Tätigkeit an der Spitze eines internationalen Beratungsgremiums für den langjährigen kasachischen Diktator Nursultan Nasarbajew, wofür er laut Zeitungsberichten seit 2010 rund 400.000 Euro jährlich erhalten hat. Auch seine Verstrickung in ein ähnliches internationales Lobbying für den 2014 gestürzten ukrainischen Ministerpräsidenten Wiktor Janukowytsch, das von dem inzwischen verhafteten Wahlkampfmanager Donald Trumps gegen fürstliche Honorare organisiert worden war, löste negatives Presseecho aus. Seine letzte Parteifunktion, als Präsident des Karl-Renner-Instituts, der von Kreisky 1972 gegründeten politischen Akademie der SPÖ, gab Gusenbauer Ende 2017 auf.

In beiden umstrittenen, äußerst profitablen Projekten konnte sich Gusenbauer übrigens auf hochkarätige ehemalige Regierungs- oder Staatschefs aus Italien, Polen und anderen westeuropäischen Ländern, fast ausnahmslos Sozialdemokraten oder Linksliberale, stützen. All das lieferte Stoff für Titelgeschichten im *Spiegel*, im *Profil* und anderen Publikationen. Wenn auch bisher keine illegalen Handlungen nachgewiesen wurden, bestätigen diese Geschäftstätigkeiten die zeitlose Gültigkeit von Kreiskys Warnungen über den Komplex Macht und Moral.

Dass die uneingeschränkte Macht der »starken Männer« in autoritären Regimen und Diktaturen zur institutionalisierten Korruption und zur Bereicherung der Machthaber an der

Spitze der Hierarchie führt, beweisen die fundierten Berichte und Bücher über Wladimir Putin in Russland, Recep Tayyip Erdoğan in der Türkei und Viktor Orbán in Ungarn. Anders liegen die Dinge in den liberalen Demokratien, wo die Unbestechlichkeit und Integrität der Beamten und der auf Zeit gewählten politischen Amtsträger die Grundpfeiler des Rechtsstaats bilden. Die Beamten seien »Kopf und Rückgrat« des Staates, schrieb die Historikerin Waltraud Heindl in ihrem Standardwerk über die Geschichte der österreichischen Bürokratie, in dem sie auch eine Lanze für unkündbare Beamte als Korrektiv zu Politik und Machtmissbrauch brach (*Josephinische Mandarine*, 2013).

Gradmesser für die Beurteilung einer öffentlichen Persönlichkeit ist zweifellos auch ihre Haltung nach dem Sturz. Der sozialdemokratische deutsche Ex-Kanzler Gerhard Schröder hat im September 2017 bekanntlich einen sehr einträglichen Job als Aufsichtsratsvorsitzender des größten russischen Ölkonzerns Rosneft für ein mutmaßliches Gehalt von etwa 500.000 Dollar pro Jahr angenommen. Bereits vorher war er hochbezahlter Angestellter von Gazprom und Vorsitzender des deutsch-russischen Ostsee-Pipeline-Konsortiums gewesen. Angesichts der öffentlichen Empörung verzichtete der Altkanzler dann auf das Geld von Rosneft, nicht aber auf diese Schlüsselposition. Bereits vor Jahren hatten deutsche Medien seine Einkünfte aus den diversen Beraterverträgen auf Millionenhöhe jährlich geschätzt. Schröder gilt als enger Freund Putins, den er, noch als Bundeskanzler, als »lupenreinen Demokraten« bezeichnet hatte. Seine wiederholten direkten und indirekten Lobpreisungen für die russische Außen- und Wirtschaftspolitik lösen auch in seiner Partei wachsende Missstimmung aus.

Das Streben nach absoluter Herrschaft

Die Russlandkarriere des deutschen Altkanzlers mag auch wegen seiner persönlichen Verbindung mit dem russischen Präsidenten ein besonderer Fall sein. Doch er ist nicht der einzige Regierungschef, der einmal wirklich reich sein wollte. Vor allem in den postkommunistischen Staaten finden wir Spitzenpolitiker, für die die wechselnden Ideologien, die sie annahmen, lediglich als Verkleidungen dienten und für die, in ihrem Streben nach Herrschaft als Selbstzweck, ethische Normen früher oder später keine Rolle mehr spielten. Viele Kämpfer für die nationale Unabhängigkeit wurden nach dem Sieg im politischen Alltag verschlissen, und wir sahen auch den schnellen Fall der Symbole der wirtschaftlichen Schocktherapie. Das berühmte Buch von Barbara Tuchman, *Die Torheit der Regierenden* (1984), lehrt uns, dass die Torheit ein Kind der Macht ist, und als ihre Schwester gilt die Eitelkeit. Politiker mit weißen Westen sind in Mittel- und Osteuropa rar geworden. Getäuscht vom Selbstbild der eigenen Unverwundbarkeit verlieren die Wahlsieger den Blick für die Realitäten. Ein Beispiel dafür bietet der im Kapitel über Kroatien (siehe Seite 65ff.) geschilderte Weg von Ivo Sanader vom schillernden Politstar ins Gefängnis. Die Macht ist zwar eine fragile und vergängliche Ressource, aber mit Verlogen- und Verschlagenheit, gekoppelt mit Überlebensinstinkt, kann sie für lange Zeit zementiert werden. Beispielhaft illustriert dies (zumindest bis zur Stunde) die Erfolgsserie von Viktor Orbán, dem vermutlich wandlungsfähigsten und opportunistischsten Politiker, den die ungarische Geschichte kennt. Während seiner ganzen Karriere, die ich in seiner Biografie beschrieben habe, witterte er immer rechtzeitig einen Stimmungsumschwung sowohl in der internationalen wie auch in der innenpolitischen Lage, um im entscheidenden Moment die Fronten zu wechseln.

Noch dazu hat er unverschämtes Glück mit seinen zeitweiligen politischen Gegnern und schwachen innerparteilichen Rivalen gehabt.

Orbán ist es zweimal gelungen, sich wie ein Phönix aus der Asche zu neuer Macht zu erheben: 1998 und 2010. Beide Male hat er nach bitteren Niederlagen durch Zähigkeit, Erfindungsgabe und Mut die Mehrheit erobert bzw. wiedergewonnen. Nach diesen Erfahrungen hat er ab 2010, wie von ihm bereits vorher angekündigt, eine langfristig angelegte und praktisch uneinnehmbare Zitadelle der Macht aufgebaut.

Die verspielte Welt

Wenn wir die Spitzenpolitiker der letzten Jahre in den demokratischen Staaten Europas Revue passieren lassen, finden wir – abgesehen vom Sonderfall Orbán – nur Angela Merkel als eine Ausnahmepersönlichkeit, die die Politik in ihrem Land seit fast 20 Jahren prägt und ihren Abgang selbst bestimmt. Getäuscht von einem Wahlerfolg verlor zum Beispiel der britische Premier David Cameron 2016 den Blick für die Realitäten und öffnete mit dem Referendum über den Brexit den Weg ins Verderben Großbritanniens und möglicherweise Europas. Zur Stunde dieser Niederschrift erlebt der französische Staatspräsident Emmanuel Macron nach seinem verblüffend schnellen Aufstieg an die Spitze des Staates, wie rasch die Entzauberung folgt. Ob und wie weit die Dialektik von Aufstieg und Fall die zweifellos einmalige Karriere des österreichischen Bundeskanzlers Sebastian Kurz (mit 25 Jahren jüngster Staatssekretär, mit 27 Jahren jüngster Außenminister und mit 31 Jahren jüngster Regierungschef in der österreichischen Geschichte) bestimmen wird, muss auch nach seiner überraschenden Abwahl durch das Parlament im Mai 2019 als Folge des Bruches mit dem zutiefst kompromittierten Koalitionspartner FPÖ heute natürlich dahingestellt bleiben.

Wir leben in einer Welt, die ihre Chancen verspielt, in der alte Gewissheiten über Nacht verschwinden, in der sich jedes Charisma mit dem Amtsverlust verflüchtigt, in der die politischen Ereignisse kaum je die ursprünglich geweckten Erwartungen erfüllen. Die Kommunikationsrevolution durch das Internet, die Abwehr des Terrorismus als Weltgefahr und die entfesselten und beispiellosen Flüchtlingsströme lösen profunde Wandlungen aus. Über ihre Dynamik und Tragweite, über die Ausbreitung der Angst und die populistische Versuchung könnte man eine ganze Bibliothek aus spekulativen Sachbüchern und Romanen zusammenstellen. Immer wieder muss ich bei der Formulierung meiner Gedanken an die Worte des deutschen Philosophen Hegel (1770–1831) denken: »Die Weltgeschichte ist nicht der Boden des Glücks. Die Perioden des Glücks sind leere Blätter in ihr.«

Jene, wie ich, die zu den letzten Überlebenden der Schoah gehören, spüren fast täglich, auch in Österreich!, dass wir »im Zeitalter der Schamlosigkeit« (David Grossman) leben. Trotzdem müssen wir allen Versuchungen widerstehen, dem Mythos von »starken Führern« zu erliegen, und müssen die unersetzlichen Werte der liberalen Demokratie gegen die Welle des zynischen und mit einem System von Lügen verschränkten Populismus verteidigen.

Namensregister